A LA MÉMOIRE

DE

M. LE PROFESSEUR GEORGES WAITZ

1813-1886

HOMMAGE RESPECTUEUX

DE SES ANCIENS ÉLÈVES

GABRIEL MONOD ET MARCEL THÉVENIN

GŒTTINGUE, 1868-1870. — PARIS, 1886.

GEORGES WAITZ

PAR

G. MONOD

GEORGES WAITZ

Léopold de Ranke avait à peine fermé les yeux qu'un de ses premiers et de ses plus illustres disciples, Georges Waitz, le suivait dans la tombe. Si tous ceux qui s'occupent d'histoire moderne et qui étudient la politique européenne des quatre derniers siècles dans les documents diplomatiques regardent Ranke comme leur maître, c'est Waitz qui a exercé dans ces quarante dernières années l'influence la plus grande sur les recherches relatives au moyen âge. Son séminaire historique a été le plus célèbre de l'Allemagne, après celui de Ranke, et, comme lui, il a par ses livres exercé son influence bien au delà des limites de son pays. Tandis que Ranke enseignait à manier avec intelligence et critique des masses imposantes de documents, à faire un choix parmi des sources trop nombreuses pour être toutes étudiées avec le même soin, à les éclairer par des vues générales, à les grouper pour en tirer de vastes synthèses historiques, Waitz enseignait à tirer par une analyse minutieuse des sources incomplètes et trop peu nombreuses du moyen âge tous les renseignements historiques qu'elles renferment, à classer ces renseignements avec méthode et circonspection, et à apporter une extrême réserve dans les combinaisons générales qu'on en tire. Tandis que Ranke s'intéressait surtout au côté politique et psychologique de l'histoire, tandis qu'il s'attachait à décrire les révolutions dont les États modernes ont été le théâtre et à peindre le caractère des hommes qui les ont dirigés, Waitz s'occupait de l'étude plus abstraite des institutions et des causes qui ont présidé à leur formation.

Critique des sources, critique des origines, critique des institutions, c'est sur ces points que Waitz faisait surtout porter son enseignement, en particulier celui de son séminaire, auquel il attachait un prix tout particulier. Il n'était pas orateur, bien qu'il s'élevât parfois à l'éloquence par la force de sa dialectique et de sa pensée[1]; et quelque excellents et solides que fussent ses cours sur l'histoire du moyen âge, sur l'histoire d'Allemagne, sur les antiquités germaniques, ce n'était pas là qu'il montrait ses plus hautes qualités; c'était le soir, dans le cabinet de travail de la belle maison qu'il occupait à Gœttingue, en face de l'Université, où deux fois par semaine il réunissait huit ou dix de ses meilleurs élèves pour expliquer des textes, rendre compte des travaux critiques qu'il leur avait donnés à composer et les discuter avec eux. Il se préparait à ces discussions avec le soin le plus attentif, prenant des notes d'une écriture microscopique sur de petits morceaux de papier qu'il tirait un à un de la poche de son gilet; il écoutait l'élève avec une attention bienveillante, puis examinait chaque point du travail avec une rigueur minutieuse, unie au plus grand respect pour la pensée et le travail d'autrui. Il ne cédait jamais au plaisir de critiquer sans motif, mais il excellait à montrer toutes les difficultés d'une question, tous les arguments qui pouvaient être présentés pour et contre chaque opinion, la réserve qu'il fallait apporter dans ses conclusions. On sortait de ces leçons non seulement plus instruit, non seulement avec les idées plus claires et l'esprit mieux ordonné, mais avec plus d'amour et de respect pour la vérité et la science, avec la conscience du prix qu'elles coûtent et la résolution de travailler pour elles. On sentait que M. Waitz mettait toute son âme dans cet enseignement familier et direct, qu'il y voyait une œuvre morale en même temps qu'une œuvre intellectuelle à accomplir, qu'il voulait y former des

1. Je l'ai entendu à Stans, à la réunion de la Société générale d'histoire suisse, parler avec une véritable éloquence sur Arnold de Winkelried. Sa position était délicate. Il devait, dans le pays même du héros légendaire, et devant des hommes nourris dans le culte des gloires nationales, prouver que l'histoire d'Arnold de Winkelried n'offre aucune garantie d'authenticité. Avec sa parole lente et d'abord hésitante, il présenta sa pensée avec des ménagements infinis, puis accumula les arguments en faveur de sa thèse avec une clarté, une puissance et une force de conviction qui rendaient impossible toute autre protestation que celle du sentiment. Cette protestation s'élevait en silence dans le cœur de plus d'un des assistants, quand M. Waitz, quittant le ton de la démonstration critique, demanda à ses auditeurs si c'était diminuer la gloire du peuple d'Unterwalden que de rendre à tous la gloire qu'on avait voulu réserver pour un seul, et si ce n'était pas le rôle de l'histoire de rendre aux foules muettes l'honneur dont on a fait souvent le privilège de quelques héros. Toute l'assistance était émue quand M. Waitz se rassit.

hommes en même temps que des savants, et qu'il y donnait le meilleur de lui-même. Comme il me le disait avec une modestie qui n'avait rien d'affecté, un jour que je lui parlais de ses ouvrages : « Mes meilleurs ouvrages, ce sont mes élèves ; ce sont ceux auxquels je tiens le plus et que je crois avoir le mieux réussis. Mes livres seront dépassés et oubliés, mais ils auront servi à former des savants qui en feront de meilleurs. »

L'influence considérable exercée par M. Waitz ne tenait pas seulement à ses grandes facultés intellectuelles, à sa science, à sa pénétration critique, à la rectitude lumineuse de son esprit, mais aussi à ses qualités morales, à une droiture et à une candeur d'âme qui commandaient la confiance, à ce désintéressement qui le faisait s'inquiéter moins des intérêts de sa renommée que des progrès de la science, à l'absence de tout parti pris, de tout fanatisme, de toute mesquine vanité, enfin et surtout à sa bonté. Ce n'était pas une bonté expansive et bavarde, car M. Waitz avait une réserve et même une timidité qui étonnait chez un homme si grand, si robuste, aussi puissant par le corps que par l'esprit ; mais sa bonté se faisait sentir dans toute sa manière d'être et de parler, dans les attentions qu'il avait pour ses amis et ses élèves. J'en peux citer un exemple bien caractéristique. Il avait, en 1870, un Français parmi ses élèves de Gœttingue. Quand la guerre fut déclarée, celui-ci, qui retournait s'engager en France, vint lui faire ses adieux. M. Waitz, après lui avoir exprimé la douleur que lui causait la guerre et les conséquences funestes qu'il prévoyait, surtout pour la France, lui prit la main, et, très ému, lui dit en le quittant : « Dieu bénisse votre patrie. »

Il ne faudrait pas conclure de ce que j'ai dit du caractère strictement critique de l'enseignement de M. Waitz, de sa crainte des conclusions précipitées, qu'il fût ennemi de la généralisation et des idées d'ensemble. Dans ses cours, dans son histoire des institutions allemandes, dans ses articles sur le développement de l'historiographie au moyen âge[1] et sur les empereurs allemands de Charlemagne à Maximilien[2], il a montré qu'il savait embrasser d'un seul coup d'œil de vastes périodes et voir les grandes lignes de l'histoire. Son admiration pour Guizot n'était pas le fait d'un homme inaccessible aux idées générales, et il ne craignait pas d'appliquer sa science historique à des spéculations politiques, car il professait à Gœttingue et a publié un cours théorique de politique théorique. Mais il se méfiait beaucoup

<hr>

1. *Zeitschrift für Geschichte*, de Schmidt, II, IV.
2. *Deutsche National-Bibliothek*, V.

des constructions *à priori*, il se mettait en garde et il mettait ses élèves en garde contre l'influence des théories subjectives en histoire, des partis pris politiques ou religieux ; il voulait que toute généralisation ne fût qu'un groupement de faits. Il a peut-être contribué par là à diriger les jeunes historiens vers les études de détail et d'analyse, à fortifier la tendance, bonne en elle-même, mais poussée aujourd'hui à l'excès, aux monographies. On en arrive à se confiner dans l'examen des infiniment petits et à qualifier de superficiel tout travail qui, comme la *Deutsche Verfassungsgeschichte* elle-même, veut reconstituer l'histoire ou les institutions d'une époque entière. M. Waitz appartenait à une génération qui avait de plus vastes horizons et de plus vastes ambitions, et, malgré ses scrupules de critique, on sent toujours qu'il appartient à cette époque de puissance et de fécondité intellectuelle qui a produit les Niebuhr, les Grimm, les Ranke et les Mommsen [1].

Comme Mommsen et Niebuhr, Waitz appartenait à cette forte race holsteinoise, qui a aussi donné à l'Allemagne son grand homme de guerre, celui qui a appliqué à l'art militaire les procédés de la science et de la critique, M. de Moltke. C'est du Schleswig-Holstein que sont venus les Angles, les conquérants de la Grande-Bretagne, et la race qui habite ce pays joint les qualités anglaises aux qualités allemandes. Elle a la force d'application, l'esprit de méthode des Allemands, avec l'énergie primesautière, l'originalité, l'intraitable indépendance des Anglais. Georges Waitz est toujours resté très attaché à son pays natal, et il a toujours uni l'amour de la patrie holsteinoise à celui de la patrie allemande. Sans être partisan de la *Kleinstaaterei* (car, en 1848, au parlement de Francfort, il siégea au centre droit et était au nombre de ceux qui voulaient donner au roi de Prusse la couronne impériale,) il était très opposé aux idées d'unification et de centralisation monarchique. Il continua, après l'annexion de Gœttingue à la Prusse, à enseigner le fédéralisme ; il voyait sans trop de déplaisir se manifester dans son entourage des sentiments de violente hostilité contre l'avidité conquérante et unificatrice de la Prusse, et si, après 1870, il devint, comme il me l'a dit lui-même, « ein jugendlicher Enthusiast » de M. de Bismarck, ce ne fut cependant qu'avec peine qu'il se résigna à se rendre à Berlin. Il

---

1. M. Waitz a même montré, dans son édition des lettres de sa belle-mère, Mᵐᵉ Schelling (*Carolinens Briefe*, 1871), et dans le livre qui y fait suite (*Caroline und ihre Freunde*, 1882), des qualités de littérateur et de psychologue, quoique sa nature droite et saine et sa rigidité protestante fussent peu faites pour sympathiser avec le sentimentalisme et la morale fantaisiste de l'époque de *Wahlverwandtschaft*, à laquelle appartenait Caroline.

ne s'y acclimata jamais tout à fait et songeait avec regret à son cher Gœttingue. Il sentait mieux que personne tout ce que l'Allemagne avait dû de force, de santé morale et d'originalité intellectuelle à son extrême décentralisation, et il rêvait toujours une organisation politique où l'unité impériale pourrait se concilier avec une large autonomie des diverses provinces de la grande Allemagne.

M. Waitz n'oublia jamais les liens qui l'attachaient au Holstein et il lui fit toujours une place dans ses travaux à côté de ceux qui étaient consacrés à la patrie allemande. Il écrivit une histoire du Schleswig-Holstein[1] immédiatement après les événements de 1848 qui avaient fait de lui un député à l'assemblée de Francfort et qui, en replaçant le Holstein sous la domination danoise, lui avaient fait abandonner l'université de Kiel, où il professait depuis 1838, pour l'université de Gœttingue. En 1864, les événements qui avaient enlevé le Schleswig-Holstein au Danemark lui firent reprendre le même sujet sous une forme abrégée et populaire[2]. Il apportait en même temps un zélé concours à la publication des sources de l'histoire du Schleswig-Holstein[3]. Enfin il consacra à l'histoire de Lubeck, au temps de la réforme, un ouvrage très important[4], où l'ancien élève de Ranke montrait qu'il aurait pu devenir son émule dans le domaine de l'histoire diplomatique européenne.

Quand il se fut transporté à Gœttingue, il s'attacha de nouveau avec force à cette petite patrie dans la grande et, pendant une activité professorale de trente années, il s'identifia si bien avec la *Georgia-Augusta* (comme on appelle l'université hanovrienne), que ni ses amis ni lui-même ne pouvaient imaginer qu'il pût la quitter jamais. Il fallut la conviction d'un impérieux devoir et des instances plusieurs fois répétées pour qu'il consentît, non sans déchirement de cœur, à aller à Berlin prendre la direction des *Monumenta Germaniæ*. Quand nous l'avons connu à Gœttingue, en 1868, il y exerçait une sorte de royauté scientifique, et la *Georgia-Augusta* était pour nous la *Georgia-Waitzia*. Pendant ces trente années, il est bien peu d'étudiants en histoire qui ne soient pas venus écouter les leçons et, s'ils le pouvaient, prendre part aux séminaires de M. Waitz. Quand on voulait s'occuper du moyen âge, il fallait aller à Gœttingue recevoir le baptême scientifique.

---

1. *Schleswig-Holstein's Geschichte in drei Büchern*, 1851-1854, 2 vol. in-8°.
2. *Kurze Schleswig-Holsteinsche Landesgeschichte*, 1864, in-8°.
3. *Quellensammlung der Schleswig-Holstein-Lauenburgischen Gesellschaft für vaterländische Geschichte*, 1862-1865, 3 vol. in-8°.
4. *Lübeck unter Jürgen Wullenwever und die Europäische Politik*. Berlin, 1850-1856, 3 vol. in-8°.

Pendant cette période, M. Waitz s'occupa avec beaucoup de zèle de l'Académie des sciences de Gœttingue, à laquelle il donnait des travaux de critique historique[1], et des *Gœttingische Gelehrte Anzeigen* dont il fut un des principaux collaborateurs. Depuis 1860, il eut, en outre, la direction des *Forschungen zur deutschen Geschichte*, qui ont imprimé une vigoureuse impulsion aux travaux de critique historique, ont poursuivi, comme l'*Archiv* de Pertz et mieux que lui, une œuvre de critique parallèle à l'œuvre d'édition de textes des *Monumenta Germaniae*, et ont donné une fidèle image du travail qui se faisait dans le séminaire de Gœttingue.

M. Waitz avait été, dès ses débuts dans la carrière scientifique, attaché à la publication des *Monumenta Germaniae*. Il en a été un des collaborateurs les plus actifs. Qu'il nous suffise de rappeler, parmi les textes les plus importants dont il a été l'éditeur, Widukind (t. III), Ekkehard d'Aura, l'Annaliste saxon et la Chronique de Wurzbourg (VI), les Gesta Treverorum (VIII), Hugues de Fleury (IX), Marianus Scotus, l'histoire de l'église de Reims de Flodoard (XIII), Anselme de Liège (XIV), Geoffroi de Viterbe (XXII), etc., et les rééditions in-12 de Paul Diacre, d'Éginhard, des Annales Bertiniani, de Richer, des Annales Colonienses. Quand M. Pertz, après un labeur de cinquante années, dut passer à d'autres mains l'entreprise colossale qu'il avait dirigée à lui seul avec une si sûre maîtrise, M. Waitz fut unanimement désigné comme le président de la commission chargée de continuer la publication des *Monumenta*. On sait combien a été féconde l'activité de la commission et de son président. Au lieu de l'ancien *Archiv*, dont douze volumes seulement avaient paru de 1826 à 1870, un volume parut annuellement sous le titre de *Neues Archiv*. A côté des séries in-folio des *Scriptores* et des *Leges*, qui s'enrichirent rapidement de volumes nouveaux, des volumes in-4° nous donnèrent les chroniques en langue allemande, les *Scriptores Antiquissimi*, les *Scriptores rerum Langobardicarum*, les *Scriptores rerum Merovingicarum*, les *Poetae Aevi Carolini*, les Poésies de Fortunat, les Lettres des papes, les Diplômes ottoniens, les Capitulaires, les Formules, etc.

M. Waitz ne se contentait pas d'exercer une haute et générale surveillance sur l'entreprise, il dirigeait tout de près, et il donnait à tous l'exemple du travail. Jusqu'à la dernière année de sa vie, il a conti-

---

1. Études sur les Annales de Ravenne (1865), sur la Loi des Bavarois (1869), sur la *Vita Mathildis* (1852), sur Hermann Körner (1855), sur la *Sächsische Kaiserchronik*, sur les Formules du couronnement des rois et empereurs d'Allemagne (1873), sur les Annales carolingiennes, etc., etc. Éd. du *Carmen de bello Saxonico* (1870), de la *Vita Canuti* (1856), d'un traité de Jordanus d'Osnabrück (1868), etc.

nué ses voyages scientifiques, et, en 1885, occupé de collations à la bibliothèque du Vatican, il remplissait d'admiration ceux qui l'entouraient, par son assiduité et sa juvénile ardeur.

A la direction des *Monumenta Germaniae* il joignait encore les fonctions de membre de la commission historique de Munich.

A côté des travaux si variés et si absorbants que nous venons d'énumérer, M. Waitz poursuivait une grande œuvre qui était l'œuvre de sa vie, à laquelle il ne cessa jamais de travailler pour la préparer, la continuer ou la perfectionner et qui sera dans l'avenir son titre de gloire le plus durable. Je veux parler de son *Histoire des Institutions de l'Allemagne*[1]. Il en avait certainement conçu le plan pendant qu'il composait pour la collection des *Jahrbücher des deutschen Reichs* de Ranke, lorsqu'il n'avait encore que vingt-quatre ans, l'histoire de Henri Ier[2], et, en 1844, il en faisait paraître le premier volume consacré aux origines, aux mœurs et institutions de l'ancienne Germanie, jusqu'au moment de la conquête de la Gaule par les Francs. Le second volume traita des institutions mérovingiennes, le troisième et le quatrième des institutions carolingiennes. Les quatre derniers embrassent les périodes saxonne et franconienne de l'empire d'Allemagne et nous conduisent jusqu'au xiie siècle. En même temps, il consacrait des monographies à l'étude de points spéciaux de ce vaste sujet. La plus importante est son ouvrage sur la loi salique[3]. Il ne cessait aussi, à mesure qu'il avançait dans son œuvre, de recueillir des matériaux et des notes en vue d'un remaniement, et il a, en effet, donné deux éditions remaniées du second volume et une édition nouvelle des vol. III et IV[4], dans lesquelles il a augmenté d'un bon tiers son travail primitif, tenu compte de toutes les récentes recherches, soumis chacune de ses assertions à un examen rigoureux. L'*Histoire des Institutions de l'Allemagne* est un des monuments historiques de ce siècle. Les quatre derniers volumes n'ont sans doute pas la

---

1. La *Deutsche Verfassungsgeschichte*, dont le 1er vol. parut à Kiel en 1844, forme aujourd'hui 8 vol. en 11 tomes in-8°. Le premier et le second volume ont eu trois éditions, le troisième et le quatrième deux.

2. M. Waitz remania son Henri Ier pour la collection des *Jahrbücher der deutschen Geschichte*, publiée par la commission historique de Munich, et il en donnait en 1885 une troisième édition revue, corrigée et augmentée.

3. *Das alte Recht der Salischen Franken* (1846), avec une édition de la loi salique. — *Ueber das Leben und die Lehre des Ulfila* (1840), avec une édition d'Auxentius. — *Ueber die altdeutsche Hufe* (1854). — *Ueber die Ursprung der Vasallität* (1856). — *Die Anfänge des Lehnwesens* (1856). — *Die Formeln der deutschen Königs- und der römischen Kaiserkrönung vom Xten bis XIIten Jahrhundert* (1873).

4. La seconde partie du vol. IV a paru il y a quelques mois.

même valeur que les premiers; les documents y sont moins bien coordonnés et fondus et les lignes générales de la constitution s'y dégagent moins nettement; mais, malgré ces défauts, malgré les critiques auxquelles plusieurs parties des premiers volumes eux-mêmes ont donné lieu, l'ouvrage reste une construction magistrale, prodigieuse par l'érudition, admirable par sa belle ordonnance, par l'originalité des vues, par la profondeur du sens historique.

M. Waitz, comme un grand nombre d'historiens allemands, comme le maître des études romaines, M. Mommsen, était un juriste avant d'être un historien. Il était étudiant en droit quand il entra, en 1830, à l'âge de dix-sept ans, au séminaire de Ranke; mais, comme chez M. Mommsen, les connaissances juridiques ont éclairé et non étouffé chez lui le sens historique. Il n'a jamais versé dans l'esprit de système, il n'a jamais voulu soumettre les libres manifestations de la vie aux catégories rigides et exactes du droit, comme l'ont fait parfois quelques-uns de ses plus éminents émules et contradicteurs, M. Roth, par exemple, et même M. Sohm. Il sait discerner les origines des institutions dans les faits historiques avant l'heure où elles sont exprimées dans des lois et des formules; il sait aussi reconnaître la variété de la vie sous des formules juridiques identiques, et la décadence des institutions avant le moment où se modifient les termes de droit qui les désignent. C'est ainsi que M. Waitz a admirablement démêlé le rôle joué par la propriété territoriale à l'époque mérovingienne et les rapports du système bénéficiaire carolingien avec les institutions de l'époque antérieure. Malgré son patriotisme allemand et, si je puis dire, germain[1], il a su se garder du parti pris que le patriotisme inspire parfois aux historiens. Il ne s'est pas fait, en étudiant les institutions franques, le défenseur exclusif des théories germanistes ou romanistes; il a reconnu l'influence simultanée des civilisations et des institutions diverses, et surtout il a accordé l'influence prépondérante aux circonstances historiques elles-mêmes qui transforment, jusqu'à les rendre méconnaissables, les éléments

---

1. Ce patriotisme s'est quelquefois manifesté avec cette candeur qui était un des charmes de sa nature. J'en citerai un exemple caractéristique. Grégoire de Tours, après avoir raconté les meurtres par lesquels Clovis se débarrassa de tous les rois francs, ajoute : « Dieu prosternait ses ennemis sous ses pieds et accroissait son royaume. » M. Waitz ne craint pas d'exprimer la même idée, en faisant seulement servir ces meurtres à la gloire de l'Allemagne, tandis que, pour Grégoire, ils servaient à la gloire de l'Église. « Clovis nous apparaît, dit-il, comme un instrument de Dieu, qui avait décidé dans ses conseils que, de même que le monde romain avait été pénétré d'une vie nouvelle par les Germains, ainsi les éléments d'un développement ultérieur seraient importés par Clovis au peuple allemand. »

fournis par le passé. Il a surtout apporté dans toutes ses affirmations et toutes ses théories une extrême réserve, et il n'est pas une seule des critiques dont son livre a été l'objet, dont il n'ait tenu compte pour le corriger ou le reviser.

Si remarquable, si durable que soit l'œuvre maîtresse de M. Waitz, nous croyons toutefois qu'il avait raison en disant que l'œuvre dont il pouvait être le plus fier, c'était ses élèves. Non pas, hélas ! que la génération actuelle puisse se vanter de posséder des historiens supérieurs ou même égaux à leurs prédécesseurs. Les Ranke, les Mommsen, les Curtius, les Waitz, les Giesebrecht, les Sickel, les Sybel, restent jusqu'ici sans rivaux qui puissent leur être comparés ; mais M. Waitz avait raison de penser que c'était surtout comme professeur qu'il était incomparable. S'il n'a pas formé d'historiens capables d'entreprendre une œuvre égale à la sienne, il a contribué plus que personne à transformer les universités allemandes en un prodigieux atelier scientifique où l'on prépare, par de patientes analyses, les matériaux éprouvés et résistants qui serviront à de futures synthèses. Si les hommes illustres que j'ai cités n'ont pas encore de rivaux, c'est qu'ils ont inspiré à leurs élèves une si haute idée des devoirs de l'historien et du critique que ceux-ci ne veulent rien dire dont ils ne soient sûrs, ne veulent élever aucun édifice sans avoir établi sous terre de solides assises. Ils en ont tant vu crouler à terre de ces édifices orgueilleux qu'on croyait éternels ! M. Waitz avait lui-même le sentiment qu'en écrivant son ouvrage capital, il traçait un programme pour l'avenir, et posait des questions plus encore qu'il n'en résolvait d'une manière définitive. Il laisse après lui tout un peuple de travailleurs qu'il a pénétrés de son esprit, de son respect pour le passé, de son amour pour la vérité, et qui continuent son œuvre comme il désirait qu'elle fût continuée, avec une entière indépendance, mais avec une profonde reconnaissance pour celui qui restera toujours pour eux : *le Maître*[1].

1. C'est dans l'intérêt de ses élèves et des travailleurs en général que M. Waitz a consacré une partie de ses dernières années à revoir et à refondre entièrement le catalogue méthodique des sources de l'histoire d'Allemagne de Dahlmann, *Quellenkunde zur deutschen Geschichte*, dont il a donné trois éditions nouvelles, toujours remaniées. La dernière a paru en 1883.

MARCEL THÉVENIN

ÉTUDES

SUR LA

PROPRIÉTÉ AU MOYEN AGE

LA « PROPRIÉTÉ » ET LA « JUSTICE » DES MOULINS
ET FOURS.

PARIS
1886

ÉTUDES

SUR LA

PROPRIÉTÉ AU MOYEN AGE

LA « PROPRIÉTÉ » ET LA « JUSTICE » DES MOULINS ET FOURS.

I.

Il y a près de vingt ans, M. Brunner écrivait avec raison :
« En France, dans les ouvrages de droit historique, l'expression
« féodal » est comme la formule générale qui, souvent, sert à
résoudre de difficiles problèmes ; c'est le mot qui, en l'absence
d'idées juridiques, se présente, à point nommé, pour en tenir
lieu[1]. » La remarque du savant professeur de Berlin ne paraît
pas avoir perdu de sa justesse ; les « difficiles » problèmes que le
mot « féodal » sert encore à résoudre sont, en particulier, ceux
que présente, au moyen âge, l'étude de la propriété et de ses formes
variées, institution complexe, plus ou moins pénétrée d'éléments
étrangers, c'est-à-dire d'éléments de souveraineté ; si, dans
quelques travaux récents, la confusion entre ce qui est « de fief »

1. « In der rechtshistorischen Literatur Frankreichs dient der Ausdruck *féodal*
« nicht selten als allgemeine Auflösungsformel für schwierige Probleme, als das
« Wort das sich stets zur rechten Zeit einstellt, wo juristische Begriffe fehlen. »
(*Wort und Form im altfranzösischen Process*, dans les *Sitzungsberichte der
Wien. Akad.*, 1887, Bd. LVII, p. 651, note 1.) Cette réflexion me remet en
mémoire la réponse que, dans *Faust*, Méphistophélès fait à l'étudiant :
Schüler. Doch ein Begriff muss bei dem Worte seyn.
Méphist. Schon gut ! nur muss man sich nicht allzu ängstlich quälen ;
Denn eben wo Begriffe fehlen,
Da stellt ein Wort zur rechten Zeit sich ein,

et ce qui est « de justice¹ » n'est pas constante, la distinction qui en est faite est plus apparente que réelle, non de forme, mais de fond.

On sait que cette distinction existait dans notre ancien droit ; dans la pratique, elle fut toujours maintenue ; lorsqu'il écrivait, dans ses *Institutes Coutumières*, la maxime « fief et justice n'ont rien de commun ensemble², » Loysel formulait avec rigueur un principe admis, plus ou moins expressément, par nos coutumes. Au siècle précédent et au commencement de celui-ci, la théorie des droits seigneuriaux donna naissance, dans les ouvrages des « feudistes, » à divers systèmes ; dans chacun d'eux, la maxime reçut un sens différent, « approprié aux nécessités de l'édifice historique ou scientifique, imaginé ou soutenu. » La véritable signification a été donnée par Championnière³. Mais la voie tracée par ce « praticien » n'a pas été suivie. L'importance doctrinale de cette maxime a été généralement méconnue ; cependant, s'il est vrai que « l'on ne comprendra jamais le régime seigneurial tant qu'on n'aura pas clairement expliqué le dualisme qui lui est essentiel⁴, » il ne l'est pas moins que, tant que l'on con-

---

1. D'habitude, on ne voit guère, dans le mot *justitia*, que la juridiction ou le droit de juger et l'exercice lucratif de ce droit. Voir cependant Vuitry (*Études sur le régime financier de la France*, 1878, p. 54 et suiv.) et Bordier (*Bibl. de l'École des chartes*, 2ᵉ série, t. IV, p. 219).

2. Liv. II, tit. 2, reg. 44.

3. « Elle signifie que le fief et la justice sont deux choses étrangères l'une à « l'autre, n'ayant ni même nature, ni même origine, ni même objet, ni mêmes « limites, ni mêmes effets, en un mot, comme le dit très énergiquement la règle, « n'ayant rien de commun. » (*De la propriété des eaux courantes*, 1846, p. 157.) Cet ouvrage est pénible à lire et la critique y est insuffisante ; c'est peut-être pour cette raison qu'il n'a pas eu sur l'école historique française l'autorité qu'il méritait. Malgré les erreurs qu'il contient, ce n'en est pas moins un ouvrage fondamental et *suggestif* qui a réussi à mettre de l'ordre dans le chaos, pour ainsi dire, systématiquement organisé par les jurisconsultes et les historiens de nos anciennes institutions.

4. Championnière, *ouv. cit.* Après lui, Bordier a résumé le caractère des deux éléments de la puissance seigneuriale en ces termes aussi courts que précis : « La justice est un pouvoir et le fief une propriété. La justice est le « pouvoir tombé dans le domaine privé ; le fief est la propriété servant de base « à l'association ; et de même que la seigneurie féodale est étrangère à l'auto- « rité publique, de même la seigneurie justicière est étrangère à la possession « du sol. » (Vuitry, *ouv. cit.*, p. 62.) C'est avec ce principe pour guide qu'il faut aborder, par régions et par périodes de temps, l'étude si difficile et encore peu avancée de la formation et de l'organisation du « régime féodal » en France ; c'est le seul moyen de se reconnaître dans cet amas de textes, presque toujours ou diffus ou fragmentaires, du moyen âge. Pour se faire une idée de la confu-

fondra le « fief » et la « justice, » on ne s'expliquera pas certaines formes de la propriété au moyen âge.

Je voudrais déterminer ici la condition d'une catégorie spéciale de biens, celle des fours et moulins ; une pareille étude peut être faite dans le cadre étroit imposé à ce travail ; elle présente quelque intérêt à raison de la place occupée par ces biens dans l'économie sociale du temps ; bien que limitée à un champ de recherches restreint, elle permet de montrer l'action de l'institution seigneuriale sur la propriété ; elle offre enfin l'occasion d'examiner s'il est vrai que, au moyen âge, certains textes rappellent « le caractère collectif des premières propriétés immobilières ou des premiers modes d'appropriation [1]. »

---

sion qui persiste encore entre ce qui est « de fief » et ce qui est « de justice, » qu'on lise, par exemple, l'étude sur le *Régime féodal en Bourgogne*, 1882, ch. v. Suivant M. Seignobos, la « justice » apparaît au XIIe siècle; elle n'est pas un droit « féodal; » elle dérive du droit de propriété. — Point de preuves. Le lecteur est, il est vrai, invité à « examiner de près les documents » (p. 297), mais lesquels? Les rares textes qui semblent appuyer les raisonnements de l'auteur semblent pris au hasard et ils sont mal interprétés; d'ailleurs la connaissance des institutions antérieures au XIIIe s. fait défaut. (Voy. Luchaire, *Institutions royales*, 1883, t. II, p. 112, note 1.)

1. Suivant Viollet (le *Droit du XIIIe siècle dans les coutumes de Touraine-Anjou et d'Orléanais*, introduction aux *Établissements de saint Louis*), le souvenir de « l'antique organisation de la propriété, » de « l'antique communauté des terres » se serait conservé dans des textes relatifs à la vaine pâture, aux communaux, à la chasse, à la pêche, au *four* et au *moulin banal*, etc. Cette opinion mérite examen, car, si elle était fondée, elle donnerait un nouvel et solide appui à la théorie bien connue, sur le caractère des premières propriétés immobilières, que les travaux de H. Sumner Maine, de Laveleye et la séduisante étude de Viollet lui-même (1872) n'ont point encore réussi à faire accepter à tous les historiens des institutions. — Si on parcourt le chapitre II du *Droit du XIIIe siècle*, etc. (p. 18 et suiv. du tirage à part), l'érudition facile de l'auteur dispose d'abord à lui donner raison; mais on s'étonne bientôt de ces citations empruntées, comme au hasard, à diverses sources et à diverses époques; en y regardant d'un peu près, pas un des textes cités n'est favorable à l'interprétation donnée. L'opinion, ou, si l'on veut, la théorie de Viollet, est une... ingénieuse imagination, rien de plus; je l'ai démontré à mon cours de l'École des hautes études; de cette démonstration je détache, ici, la partie relative aux fours et aux moulins. Le début de l'étude de Viollet (chap. II, § 2, p. 24) me paraît de pure fantaisie : « Lorsque l'appropriation des terres fut en fait accompli, les mœurs gardèrent quelque vestige du temps où les récoltes étaient communes, les provisions communes, les repas communs; la tribu devenue le village conserva, pour moudre le blé, un moulin commun, pour cuire le pain un four commun. Le seigneur féodal mit la main sur ces établissements publics, les confisqua à son compte : le voisinage des propriétaires (?) chez lesquels le moulin et le four étaient réciproquement le moulin et

Jusqu'au x⁰ siècle, les sources d'information sont les lois, les formules et les chartes ; quelques lois seulement font mention des moulins.

N° 1. *Lex Salica* (Hessels), XXIII (*Cod.* 3). Si quis ingenuus in molino alieno anona furaverit, cui molinus est, hoc est ipso molinario, sol. xv reddat, ei vero cui anona est alios xv culp. iud.

Le « molinarius, » ici, n'est pas un serf travaillant pour son maître ; ce n'est pas un homme libre travaillant pour la « communauté ; » ce n'est pas davantage un homme libre qui a la garde du moulin ou qui l'exploite pour le compte d'un propriétaire : c'est le propriétaire lui-même (*cui* molinus *est*).

Les §§ 2 et 3 du titre prévoient encore le cas où le « ferrement » du moulin d'*autrui* aurait été volé et où l'écluse du moulin d'*autrui* aurait été rompue.

N° 2. *Edict. Rotharis*, CXLIX. Si quis *molinum alterius* asto animo incenderit, id est voluntarie, in triplum eum restituat sub estimatione pretii cum omnibus quae intus cremata sunt.

N° 3. *Ibid.*, CL. Si quis *molinum alterius* scapellaverit aut clausuram ruperit sine auctoritate iudicis componat solidos XII *illi cuius molinum esse* invenitur.

---

le four du maître dut faciliter ces envahissements; les libres déclinèrent en même temps que les serfs montaient. » Admettons, pour l'instant, qu'un « temps » ait existé où récoltes, provisions et repas étaient communs; mais nous voici en France, au moyen âge, et ce temps n'est plus. De quelle « tribu » et de quel « village » s'agit-il? comment la tribu est-elle devenue le village? comment ce dernier était-il constitué? c'est ce qu'on voudrait d'abord savoir, avant d'être disposé à admettre que le moulin reste propriété commune du « village, » comme il avait été propriété commune de la « tribu. » Viollet confond « commun » et « public. » Un établissement commun et un établissement public sont cependant deux choses distinctes. Enfin, la remarque précédemment faite sur l'emploi du mot « féodal » est, une fois encore, justifiée; ici, ce mot est vague, ne signifie rien ou bien est inexact. Ce n'est pas en qualité de « féodal » que le seigneur ait la main sur les moulins et sur les fours, mais en qualité de *justicier*. Est-il vrai, d'ailleurs, que le seigneur ait mis la main sur ces établissements? Expliquer historiquement la situation des seigneurs vis-à-vis d'une catégorie de biens, — dont font précisément partie les fours et moulins, — n'est pas facile, je le sais; l'expliquer simplement par des « envahissements, » ce n'est pas, il me semble, résoudre la difficulté, c'est la supprimer. Viollet s'en est trop aisément tiré en ajoutant que le « voisinage des populations d'esclaves... dut faciliter ces envahissements. » — Si je me suis permis d'examiner ici cette théorie et d'en faire hardiment la critique en loyal adversaire, c'est que je la trouve reproduite, mais bien entendu si dirons, par Viollet dans son *Précis de l'histoire du droit français* (1886, tom. 2, p. 474 et suiv.), livre destiné aux étudiants.

D'après la loi des Alamans, chacun peut construire un moulin
ou établir une écluse sur un cours d'eau, à la condition de ne
causer de préjudice à personne. Si le constructeur est *propriétaire* des deux rives, il n'a aucune autorisation à demander ; s'il
est *propriétaire* d'une rive seulement, il demandera ou achètera
à son voisin cette autorisation.

N° 4. *Lex Alaman.* II, LXXXVI (Pertz, Leg. III, p. 76), 1. Si quis
molinum aut qualecumque clausuram in aquam facere voluerit,
sic faciat ut neminem noceat.

　3. Si *ambas ripas suas sunt*, licentiam habeat.

　4. Si autem *una altera* (var. *alterius*) est, aut roget aut con-
paret.

La propriété d'un moulin supposait nécessairement la propriété
de l'emplacement sur lequel il était construit :

N° 5. *Edict. Roth.* CLI. Si quis molinum in *terra aliena* aedificave-
rit, et *suam* probare non potuerit, amittat ipsum molinum et
omnem operam, et *ille habeat cuius terra* aut *ripa esse* invenitur;
quia omnes scire debent, quod *suum* non *alienum est*. (Cf. n° 4,
§§ 3 et 4.)

Ainsi, sous le régime des lois barbares, les moulins étaient
dans l'appropriation *privée ;* dans les deux textes suivants, ce
caractère privé n'est pas expressément indiqué, il est vrai, mais
on remarquera que le premier fait partie du titre « De furtibus et
furtis, » qui vise les attentats contre la propriété privée ; le second
traite de matières diverses, « diversarum rerum, » entre autres,
d'objets d'intérêt public, parmi lesquels sont les moulins ; afin
que ceux qui y vont moudre ne souffrent pas trop longtemps des
dommages causés à ces moulins, la loi ordonne de les réparer
dans un délai de trente jours.

N° 6. *Lex Wisig.*, VII, II, 12. Si quis de *molinis* aliquid *involaverit*,
quod furatum est restituat, et insuper componat, sicut de aliis
furtis lege tenetur.

N° 7. *Ib.*, VII, IV, 30. Si quis *molina* violenter effregerit, quod fre-
git *infra XXX dies reparare cogatur*, et insuper triginta solidos
cogatur exsolvere.

D'autre part, il est impossible de citer un texte qui présente un
moulin *possédé* ou *construit* par les membres d'une « tribu
devenue le village, » ce village étant alors propriétaire de ce

moulin, ou encore qui présente les villageois comme étant *copropriétaires par indivis* du moulin où ils vont moudre.

En raison même de sa nature, un moulin ne pouvait être construit que par un propriétaire de cours d'eau, disposant d'ailleurs
de moyens suffisants ; il servait à un nombre plus ou moins grand
de voisins de la même circonscription territoriale économique,
c'est-à-dire du même village ; il était *commun* à ces voisins en
ce sens seulement qu'ils en usaient en commun ; d'après la loi des
Bavarois, au titre « de furto, » c'est un établissement « public ; »
il faut s'entendre sur la signification de ce mot.

N° 8. *Lex Baiuwar.* I, ix, 2. Et si in ecclesia, vel infra curte ducis
vel in fabrica vel in *molino* aliquid furaverit, triuniungeldo componat, hoc est ter nove reddat : *quia istas quattuor domus casas
publice sunt et semper patentes.*

Il est visible qu'ici « casas publice » ne signifie pas « maisons
communes » et que « publice » ne rappelle, en aucune manière,
le « caractère collectif des premières propriétés immobilières ou
des premiers modes d'appropriation ; » comme la résidence du
duc, etc., le moulin est public, c'est-à-dire accessible à tous et
constamment ouvert ; le vol y étant, dès lors, plus facile que
dans une maison fermée ou dans un endroit clos, la loi le punit
plus sévèrement. Pour donner à ceux qui fréquentent ces « casae »
une plus grande sécurité, la loi protège particulièrement ces
établissements. Cette protection s'affirme encore dans une autre
disposition, en vertu de laquelle l'incendiaire d'un moulin devra
en payer la valeur au triple et le mobilier au septuple :

N° 9. *Addit. prima leg. Baiuw.*, 3. Molendinum incensum in triplum componat et omnia intus concremata in septuplum.

Enfin, dire que, dans le texte ci-dessus (n° 8), il s'agit d'un
moulin « commun, » en ce sens qu'il appartient à la communauté,
qu'il est dès lors propriété collective, c'est dire nécessairement
aussi, ce qui n'est pas soutenable, que l'église, la maison du duc
et la fabrique sont, dans ce même sens, « maisons communes. »

Dans les formules, généralement, les moulins et fours font partie des constructions, « aedificia[1], » qui, reposant sur les domaines,

---

1. *Form. Andec.*, 41 : ... domibus, edificiis ... cum omne jure soliditate eorum
integrum. — *F. Marc.*, I, 13. — *Ib.*, II, 3, 7, 19. — *F. Bitur.*, 15. — *F. Senon.*,
41. — *F. Sal. Lind.*, 1.

les garnissent et servent à leur exploitation, « castitia, » « aedificia superposita, » « aedificia cum omni supraposito[1]; » ils étaient donc compris dans les transactions dont ces dernières étaient elles-mêmes l'objet; on trouve aussi les « farinarii » mentionnés à part[2]. Comme les autres biens privés, ils étaient donnés, échangés, constitués en dot, vendus[3].

Les chartes contemporaines des formules, — et même les chartes un peu postérieures, — sont rédigées, le plus souvent, dans le style propre à tel ou tel recueil, suivant la région à laquelle elles appartiennent. Aucun mot, aucun trait n'y rappelle le caractère « primitivement collectif » des moulins et fours; ils y sont, comme dans les formules, l'objet de contrats variés, et le disposant en dispose en propriétaire, c'est-à-dire de plein droit et en toute liberté, sans autorisation ni consentement préalables de membres d'une communauté quelconque agissant comme particuliers ou en corps[4]. D'ailleurs, on ne rencontrera jamais, dans ces chartes, de communautés constituées reconnues par le droit ou les coutumes locales.

II.

En France, les seigneuries territoriales se sont constituées plus

1. *Form. Turon.*, 4 : ... cum aedificio cum omni supraposito...— *Ib.*, 16, 17. — *F. Sal. Bignon.*, 21. — *F. Sal. Lind.*, 8, 14.

2. *Form. Sal. Merk.*, 9 : ... domibus, aedificiis ... farinariis...— *F. Sal. Lind.*, 2, 5, 7. Voy. encore *F. Marc.*, II, 4. — *Addit. Tur.*, 1.

3. Voy. les formules qui précèdent.

4. Pour ce travail, j'ai examiné toutes les chartes des pays de la France du moyen âge. Si le caractère collectif primitif des moulins et fours s'était conservé quelque part, ce devrait être surtout dans les régions du Nord, de l'Est, peut-être aussi en Bretagne; or, les chartes de ces régions ne contiennent pas un mot qui rappelle ce caractère, tout comme celles du Centre, du Sud et du Sud-Ouest. Voy. par exemple, pour la région du Nord, *Cart. Sith.*, n° XI (a. 685), n° XX (a. 706), n° XXXIII (a. 745), n° XLVII. (Ce cartulaire doit être rapproché des *Form. Sal. Lind.*; voy. mon étude sur les « Conventus » dans les mélanges Renier.) — Pour la région de l'Est, voyez, par exemple, *Cart. Chuniac.*, n° 188 (a. 912), n° 201 (a. 916), n° 517 (a. 940 env.). Dans le n° 29 (a. 857), un moulin est revendiqué en justice, comme étant de sa propriété, par G. contre A. — *Cart. Mettes.*, n° CLXXXIV (a. 928-958). — Les chartes de Redon, bien que postérieures, peuvent très bien, pour la Bretagne, être citées; voy., par exemple, *Cart. Red.*, n° CLXXXIII (a. 924), n° CCCXXX (a. 1160) et passim, Introd., p. CXXXI et CCCV. — Pour les autres régions, qu'il suffise de citer *Chart. Savin.*, n° 207 (a. 980), n° 249 (a. 977). —*Chart. de Bellaise*, n° LXIV (a. 904) et passim. — *Preuves Hist. Languedoc*, t. V, n° 8 (a. 809), n° 17 (a. 857), n° 58

ou moins tardivement, suivant les régions. On peut considérer comme partout achevée, au x° siècle, l'évolution complexe dont l'institution seigneuriale est le terme[1].

Du x° au xiv° siècle, dans les chartes, il n'est pas toujours facile à l'historien des institutions de distinguer juridiquement les éléments divers de la fortune d'un seigneur laïque ou ecclé-

(a. 933), n° 61 (a. 934), n° 68 (a. 937), n° 125 (vers 972), n° 146 (a. 988), n° 149 (a. 990).

1. Cette évolution est due à des causes d'ordre *économique* et social autant que d'ordre *politique*. — On devrait bien renoncer à expliquer l'institution seigneuriale par la « confusion de la propriété et de la souveraineté; » ce thème abstrait et monotone, auquel se ramènent de plus ou moins ingénieuses variations, permet, il est vrai, de tourner le problème, tout en donnant l'illusion qu'on l'a résolu. — Ces causes diverses une fois déterminées, il serait à désirer que l'on fît, *par régions*, l'histoire de la formation des territoires seigneuriaux en France. A ma connaissance, les plus anciens textes juridiques où il soit possible de distinguer le territoire qui sera plus tard la seigneurie territoriale (j'entends le territoire du seigneur, à la fois propriétaire et justicier) sont des formules d'Angers et de Tours : territoire ecclésiastique (d'un saint) *F. Andec.*, 4, 21, 22, 40, 54, 58 (*territorium sancti illius*), *F. Turon.*, 8 (*terminum sancti illius*); d'une église, *F. Andec.*, 25 (*terra ecclesiae Andicavis*); territoire d'un laïque, *F. A.*, 37 (*territurio vir inluster illo*), *F. Tur.*, 42 (salvo iure ipsius *terrae*), dont il faut rapprocher *Form. Marc.*, II, 13 (*salve iure illo*). Dans une très intéressante étude de M. Brunner, *Die Erbpacht der Formelsammlungen von Angers und Tours und die spätromische Verpachtung der Gemeindegüter* (*Zeitschrift für Rechtsgesch.*, 1884, V, 2, p. 60 et suivantes), je relève ceci, en passant (p. 70) : « in form. Andeg. 7 wird das Grundstück von dem Besitzer in der Form der später so genannten precaria verliehen. Der Precarist, der dem Verleiher eine « securitas » ausstellt, nennt es darin « res vestra et domni illius. » Unter dem domnus ille ist wol *der Eigenthümer* zu verstehen, wogegen *der verleihende Besitzer* nur ein von jenem abgeleitetes Besitzrecht gehabt haben dürfte. » Or, il n'y a pas ici un possesseur concédant et un propriétaire (domnus), mais un *seul* propriétaire qui est à la fois, indifféremment, l'abbé d'un monastère (venerabile... patri illo abbate) et le saint de ce monastère (domnus) au nom duquel agit l'abbé; ici, comme ailleurs dans ces mêmes formules, « domnus » désigne le « saint » sous l'invocation duquel est placé tel monastère ou telle église. Voyez *F. A.*, 10, 11, 13, « in basilica domni illius, » ib., 14, 39, « in basilica sancti illius, » et *F. Turon.*, 37, « basilica sancti domni illius. » — Dans la form. *Tur.* 42, Brunner, au lieu de « in ratione illius, » lit « in regione illius, » proposé déjà par Zeumer dans son édition (p. 158). Ici, « regione » n'a pas de sens; il faut conserver le mot « ratione, » qui se rencontre aussi dans la *Form. Andec.* n° 7 (hoc dedit illi ad rucione illo), dans Grég. de Tours (*H. Fr.*, X, 19), sur quelques monnaies mérovingiennes (racio ecclesiae, basilici, domni, fisci, monasterii), enfin et surtout dans les chartes (voir par exemple Garnier, *Chartes bourguignonnes, passim*). D'un mot, on ne peut guère traduire « racio » que par « patrimoine; » c'est proprement la masse des biens; souvent aussi, avec l'ensemble des possessions immobilières, le territoire de leur situation.

siastique ; ce qui est de propriété s'y trouve, la plupart du temps, confondu avec ce qui est de justice ; c'est que les rédacteurs de ces chartes avaient rarement à rechercher la légitimité des droits dont on disposait dans chaque cas particulier ; d'autre part, le temps n'était pas encore venu où le sentiment de l'utilité générale devait amener les praticiens à fixer la condition des biens et à examiner la nature juridique de ces droits. Les chartes présentent ces derniers par leur côté lucratif, simplement, et comme des éléments d'un même patrimoine dont on disposait au mieux de son intérêt, terrestre ou religieux.

Il est donc indiqué de chercher dans nos plus anciennes coutumes écrites une distinction qui ne se rencontre guère dans les chartes antérieures au xive siècle, sauf à s'en aider pour expliquer ce que ces chartes présentent de confus et d'incomplet.

En ce qui concerne la condition des moulins et fours et la situation respective des seigneurs et des paysans, je me bornerai, ici, à l'examen des coutumes de l'Anjou, du Maine, de la Touraine et de l'Orléanais. Ces biens n'y sont jamais la propriété des habitants d'un village ou d'une circonscription territoriale formant communauté ; aucun trait ne rappelle qu'une telle communauté ait possédé ou exercé antérieurement sur eux un droit collectif quelconque. Comme au temps des lois barbares, les moulins et fours y sont dans l'appropriation privée, avec cette différence que l'on y rencontre soit un simple propriétaire, soit un « sires. » Voici un simple propriétaire :

N° 10. *Établissements*, I, cxiii [1]. Et se aucuns *avoit* molin parçonier, etc.

Ce titre indique comment doivent être supportées les dépenses d'entretien d'un moulin commun à deux individus :

il (l'un d'eux) doit venir a celui qui l *a part e lui* et li doit dire « il faut en *nostre* molin muele : metez i *vostre moitié.* »

Le fait qu'il y a ici deux copropriétaires par indivis ne contredit évidemment en rien l'appropriation privée. Rarement, un seul propriétaire était en état d'entretenir seul un moulin ; d'ailleurs, plusieurs individus, par héritage, donation, etc., pouvaient avoir chacun une part dans un même moulin, et la nature même de cet

1. Je cite d'après l'excellente édition de Viollet.

établissement s'opposait à ce qu'ils en fissent la division ; diviser ce moulin ou l'emplacement sur lequel il était assis, c'eût été le détruire.

N° 11. *Liv. de Jostice et de Plet*, V, vii (p. 150), *Siege de molin*, marché, ne puet estre départiz. En toutes choses dont li cors périst par la partie (c.-à-d. en le divisant), ainz doit l'en ceste chose fere durer communément.

et

N° 12. *Ib.*, VI, iii (p. 153). Or est a savoir quex choses l'en doit partir : l'en doit partir toz vilenaiges, vavasoreries, totes manières des mobles, fors en choses que l'en ne puet partir, c'est à savoir chose que périst par partie fere, comme *molin*, comme *four*, comme *pressoir*, comme *marchié* et tex choses semblables[1].

Voici maintenant un « sires » :

N° 13. *Établiss.*, I, cxi. Se aucuns *ait molin*, qui *ait vaarie* en sa terre, et *il ait homes estagiers*, il doivent moudre à *son* molin tuit cil qui seront en la banliue. Et se aucuns en deffailloit, puisqu'il en seroit semons, li sires li puet bien faire esgarder qu'il ne mueille à un autre molin, etc.

Ce texte n'est pas aussi clair qu'il le paraît. Il faut l'examiner de près. Il s'agit, ici, du moulin banal. Ce moulin (et son emplacement) sont la propriété du « sires, » — de son *fief* ou de son *domaine*, il n'importe. Il est situé sur un territoire soumis à sa justice ; « vaarie » (*vicariam*) désigne la basse justice. « *Sa terre* » n'indique pas, comme on pourrait croire, une « terre » possédée entièrement par le seigneur[2] (bien qu'il y pût avoir des possessions), mais exactement et seulement le territoire dont il est le bas justicier, *son territoire de justice*. Les « estagiers » de ce seigneur sont ses sujets, c'est-à-dire les hommes coutumiers soumis à sa justice ; établis sur ce territoire, ils l'exploitent en roturiers, et, dans les limites où s'exerce le ban, « la banliue, » ils doivent aller moudre au moulin du seigneur.

1. Les « antiques origines » n'ont rien à faire avec cette décision du *Livre de Just. et de Plet* (Viollet, *œuv. cit.*, p. 26), et le mot « communement » n'indique en rien une communauté ; ici, il signifie en commun (entre deux ou plusieurs propriétaires), c.-à-d. indivisément, par indivis (v. *Cart. de S.-P. de C.*, I, p. 57, c. iii, a. 966).

2. Viollet (*œuv. cit.*), p. 24.

Mêmes dispositions quant au four banal :

N° 14. *Ét.*, I, CXIII. Nuns vavasors ne puet avoir four *en vilenage*, où il puisse faire cuire ses homes, se il n'a *bourc* ou *partie en bourc*. Mais, se il a bourc ou partie en bourc, il puet bien avoir four, *s'il a vacrie*. Et i doivent si home cuire, etc.

Ainsi, pour l'exercice de la banalité, deux conditions sont nécessaires et suffisantes : 1° le droit de justice; 2° un *fief* ou *domaine* contenant un cours d'eau; s'il s'agit d'un four, un fief ou domaine où il puisse être construit. Ceci résulte encore de :

N° 15. *Ét.*, I, CXIV. Se aucuns bers est qui ait ses vavasors en sa chastelerie, et *li vavasors n'ait point de moulin*, tuit si home costumier moudront au *molin au baron*, por quoi ils soient dedanz la *banlius*. Et s'ils estoient defors, il n'i moudroient mie, se il ne voloient. — Et se aucuns de ses vavasors *faisoit molin en sa chastelerie*, tout n'en i aûst il onques point aû, tuit si home moudroient a son molin. Mais se li vavasors faisoit moulin *hors de sa chastelerie*, si homme n'i moudroient mie, tant fussent il dedanz la banliue; ne li bers n'en perdroit pas sa droiture.

Par ce titre, on apprend encore que, si le possesseur d'une justice *inféodée*, « *chastelerie*, » n'avait point de moulin, les hommes de sa justice devaient moudre à celui du seigneur, « bers, » dont il était le vassal, « vavasors. » Ainsi, comme l'a très bien vu Championnière (*ouv. cit.*, p. 565), le droit de moulin était féodal de seigneur à seigneur, mais de justice du seigneur aux sujets.

La condition des « moulans » est très simple à établir. S'ils étaient « estagiers, » ils devaient moudre au moulin banal et payer la redevance coutumière fixée par le seigneur; s'ils ne l'étaient pas, ce qui était rare, ils allaient moudre où bon leur semblait, au moulin le plus proche, et ils payaient au propriétaire la redevance *convenue* entre eux[1].

Il n'est pas exact que le meunier et le fermier fussent « les serviteurs de la communauté[2]. » C'étaient des agents du justicier ou du propriétaire duquel ils tenaient leur office et vis-à-vis duquel

---

1. On pourra rapprocher, des *Établissements*, les *Coutumes d'Anjou et du Maine*, publiées par Beautemps-Beaupré, t. 1, p. 134 et suiv., et quelques textes cités par Championnière, *ouv. cit.*, p. 614 et suiv.

2. Viollet (*ouv. cit.*). Il faut lire le passage en entier, p. 25 : « Un autre trait, etc. »

ils étaient responsables. Ils avaient une part des redevances en nature et étaient exempts du service militaire :

Nº 46. *Établ.*, I, LXV. Nul fame a costumier ne doit ost ne chevauchiée : *ne li fornier ne li monier*, qui gardent les fourz et les molins.

Or, cette obligation du service militaire dont ils sont exemptés était due, non pas à la « communauté, » mais à l'ayant-droit à l'ost et à la chevauchée, c'est-à-dire au seigneur justicier.

Il n'est pas exact que le meunier « ait succédé au serviteur de la communauté primitive chargé par elle du moulin commun ; » il ne l'est pas davantage que le meunier « soit entièrement à la merci des contribuables. » La procédure suivie dans les contestations avec le meunier banal ne contient aucun trait rappelant que la communauté ait été primitivement propriétaire des moulins.

Nº 17. *Étab.*, I, CXI. Et se einsinc avenoit que li moniers feïst dom.che a aucun de ses moulanz de son blef qu'il avroit amené au molin, et cil venist au seignor et li deïst : « Sire, vostre moniers m'a fait domache de mon blef, faites le moi amander, » li sires doit mander le monier et li doit dire : « Cist hom se plaint de toi, que tu li as fait domache de son blef ; — et le nomera. » — Et se li moniers dit : « Je m'en deffan, » et li autres die : « *Je le proverai si com je devrai*, » si li deit l'en faire amender par droit son domache *o son serment*, s'il i a plus de XII den., et s'il i a moins, o sa foi. *Et einsinc doit l'en entendre que nus moniers n'a deffense contre son molant.*

On sait qu'au XIVe siècle la procédure est essentiellement formaliste, ce qui signifie, entre autres choses, qu'en justice la partie est rigoureusement liée par les paroles qu'elle prononce. Le « moulant » qui s'est plaint du meunier dit, devant le seigneur agissant ici en juge, « je le proverai, » et comme il le dit, il le fait. Son serment est une *preuve* jusqu'à concurrence de XII deniers, et, au-dessus de cette somme, sa *foi* en est une autre, plus forte. Pour estimer à leur valeur les preuves en usage dans la procédure du temps, il faut les considérer en contemporains ; « nus moniers n'a deffense contre son molant » signifie, non pas que le meunier est à la merci de son moulant, mais bien qu'il n'est pas admis à offrir de preuve lorsque le moulant s'est lui-même offert à prouver ; en d'autres termes, c'est d'abord au meunier à faire sa preuve[1].

---

1. Le mot « deffense » est, dans la procédure d'alors, un terme technique. —

III.

Je ne dois pas laisser, sans l'avoir examiné, un seul texte cité par Viollet, pour appuyer sa théorie. Voici le dernier, qui nous ramène aux chartes du x° au xiii° siècle[1]. C'est la notice d'un accord (cyrographum pactum) intervenu entre les moines de Saint-Père de Chartres, d'une part, et, d'autre part, les paroissiens de Saint-Denis de Champhol au sujet d'un four qu'ils établissent à frais communs, pour être, en pure aumône, *donné* aux deux églises (in elemosina, ad opus utriusque ecclesiae) ; elles auront à supporter, en commun, les dépenses ultérieures d'entretien, tant du four que de la maison. (Les moines donnèrent, je pense, l'emplacement, et les villageois de Saint-Denis de Champhol les matériaux et leur industrie, mais ceci n'est pas dit.) Suivant Viollet, et pour les besoins de la thèse, « cet acte de 1101-1129 relate un état de choses fort ancien » (*ouvr. cit.*, p. 24, note 1). Or, il est visible que la notice a été dressée après discussion, que, avec l'assentiment des deux parties, elle est destinée à régler, pour l'avenir, la condition du four et de ceux qui iront y cuire (cujus consuetudines utrorumque assensu ibi sunt descripte), et que c'est précisément en conséquence de leur accord sur ces conditions qu'elles établissent le four pour le village de Saint-Denis de Champhol (in eadem villa *constituunt* unum furnum). Les deux églises en seront copropriétaires par indivis.

Dans cet acte, rien ne rappelle l'idée de communauté ; ces « paroissiens » n'en forment pas une ; ils se réunissent simplement dans l'intérêt commun de bâtir un four destiné aux deux églises, et ensuite d'y cuire. Le fournier est, il est vrai, élu, — je dirais volontiers désigné, — par les « hommes » (utpote sibi serviturum), mais il est amené au *prévôt* de Saint-Père de Chartres, qui vraisemblablement le nomme, en tout cas, reçoit son serment de fidélité et de loyauté aux deux églises et aux paroissiens[2]. Les

Même de nos jours, où le serment a singulièrement perdu de sa valeur, on ne peut pas dire que le créancier soit à la merci de son débiteur, parce que, dans certains cas prévus par la loi, le serment est déféré à ce dernier ; juste remarque faite, à mon sens, par un de mes élèves, M. Say[?].

1. On le trouvera dans le *Cartulaire de Saint-Père de Chartres*, t. II, p. 367.

2. Fornacium vero, utpote sibi servituram, ipsi homines eligant, electumque ad prepositum ducant, qui juret fidelitatem utrique ecclesie et parrochianis, et

revenus du four sont remis au prêtre de Saint-Denis ; il est assisté
de deux ou plusieurs paroissiens élus qui jurent fidélité aux deux
églises ; chacune d'elles reçoit la moitié de ces revenus[1]. D'autre
part, dans cet acte, ce qui est de justice est distinct de ce qui est
propriété. Les moines de Saint-Père de Chartres seuls sont seigneurs justiciers du territoire de ce village. Ils abandonnent à la
« cour » de Saint-Denis, en présence du prêtre et des paroissiens,
la connaissance des menus délits, soit du fournier, soit des
hommes, si la réparation peut en être obtenue ; ils renoncent à
l'amende (justitia) qui leur serait due à raison de ces délits ; dans
le cas contraire, le prévôt de Saint-Père de Chartres ou l'abbé
demeure le juge de ces délits et, toujours, le seul juge des délits
« de sang[2]. »

Il est maintenant plus facile de distinguer dans les chartes du
x[e] au xiiie siècle ce qui, en matière de fours et moulins, est de fief
ou de justice, les divers modes de tenure et la condition de ces
biens, les transactions dont ils étaient l'objet. Je me bornerai à
examiner celles de la Bourgogne et de la région centrale de la
France[3].

En 1093, Eudes, duc de B., confirma une donation de quatre
moulins antérieurement faite, en propriété, aux moines de S. S.
par son frère H. Il y ajouta ce qu'il avait du « sien, » c'est-à-
dire ses droits de seigneur justicier, à savoir les « coutumes »
(redevances fiscales ou justicières) que devaient payer les habitants de la terre donnée, la justice de ces moulins (juridiction et
amendes), etc.[4]. Ici, un seigneur avait la propriété des moulins,

se nemini precium clam nec dedisse nec daturum ; quod si quid dederit commune sit *ecclesiis*.

1. Redditionem vero furni presbiter sancti Dionisii recipiat et custodiat, cum
duobus vel pluribus parrochianis, alterum consensu ab (*lis. ad*) hoc electis,
qui *utrique ecclesie* fidelitatem jurent, et dimidiam partem monachis reddant,
dimidiam que ad necessaria sancti Dionisii fideliter custodiant.

2. Ista (les amendes encourues par ceux qui iront cuire ailleurs) et omnes
alie forisfactiones, preter sanguinem, tam de furnerio quam de aliis, in curia
sancti Dionisii, coram presbitero et parrochianis, *sine alia justicia*, emenden-
tur ; quod tamen ibi non poterit, coram preposito ; si amplius, coram abbate.

3. Il suffira d'en citer quelques-unes, de signaler les autres. Ces fragments
ne peuvent d'ailleurs être bien étudiés que dans des exercices pratiques desti-
nés à des élèves.

4. Plancher, *H. de Bourg. Pr.*, t. 1, n° XLIII. Odo Dei gr. D. Burg. — Abbati
mon. S. S. 4 farinarios quos frater meus H. D. cum terra ibidem adjacente,
que duos solidos annis singulis solvebat, eidem cenobio mea laude contulerat

un autre en avait la justice ; le plus souvent, elles étaient réunies dans la main d'un même seigneur.

Entre 1050 et 1052, le sire de Vignory donna, avec d'autres biens, trois moulins et, de plus, son propre ban sur ces mêmes moulins et sur un four voisin, ce qui signifie, pour les moines de Saint-Étienne de Vignory, le droit de contraindre les habitants d'y aller moudre et cuire, la garde, la juridiction et ses produits[1].

Un certain H. F. donna à Saint-Étienne de Dijon tout ce qu'il possédait dans le village de C., soit deux masses de biens ; d'une part, « la plaine et les bois, » tant dans le village qu'aux alentours ; d'autre part, la « justice » qu'il a à C., « le larron, la fausse mesure, la corvée, les chasses, le parcours des eaux et un moulin à construire par les moines où ils voudront, depuis le manse de G.[2] »

O., seigneur de Mirebeau, concéda aux chanoines de M. toute la terre mise en culture par leurs hommes et le droit d'y construire un four en propriété à leur profit[3].

B., fils de H. de R., et R. son frère vendirent un cours d'eau et

— laudo et confirmo et de meo insuper haec aedificia. Consuetudines quae mihi exinde debebantur cum justitia molendinorum scilicet (*ici texte tronqué et altéré*) et hanc libertatis usum homines illic habitantes — possident dandi et accipiendi in pascuis, etc.; et nemo unquam mortalium — in hac datione aliquid mihi vindicet *justitiae* negotio auferendi vel subrogandi (exiger) quaestum alicujus rei, sine communi assensu abbatis et fratrum.

1. *Cartul. de Saint-Étienne de Vignory*, n° IV, p. 35. *Tria etiam tradidi molendina, unum in A., alterum in S., tertiam in V.; in his molendinis et in furno satis proximo concessi eis habere meum propriam bannum.*

2. Pérard, *Recueil bourg.*, p. 70 (XIe siècle, 2e moitié). Ego H. F. dono S. S. D. — quicquid habeo apud C. infra villam et in circuitu villae, in nemoribus et plano : in villa C. justitiam quam habeo, et latronem et falsam mensuram et corvatam et venationes nemorum et precarios aquarum et molendinum, a manse G. in antea quocumque loco voluerint ad faciendum.

3. Pérard, *Ib.*, p. 117 (XIIe siècle). O. dom. de M. concessit Ec. S. S. et domui canonicorum de M. — terram qualibet modo ab eorum hominibus et animalibus excultam, ita ut terciis redditis pro alodio, eam haberent (*Ms. t. redditis, pro alodio e. h.*) ut ad opus eorum in dominio fuerunt. — O. concède la terre en propriété, mais il se réserve les tierces, c.-à-d. le champart (ici, redevance fiscale), comme seigneur justicier du territoire de M. Puis il ajoute : « Si de milite qui feodum Mirebelli in feodo ab eo tenebat, hoc adquirere possent, decimas lucri sui quas reddere solebat, exinde redditurum se fidem dandi spopondit. » Ainsi, d'autre part, O. avait concédé en fief le four de M. à un chevalier qui lui payait la dîme des redevances. Dorénavant, c'est aux chanoines que cette dîme sera payée par le chevalier ou, à son défaut, par O.

« les moulins à construire par les moines, » c'est-à-dire le droit
d'y construire des moulins[1].

R. de F. et sa femme donnent le « preabiteratus » de V. S. et
de L., avec l'assentiment du détenteur, toutes les dîmes de leur
seigneurie (in suo dominicatu) et le four du village avec interdiction d'en construire un autre dans le même village[2].

Comme on le voit par ces quatre dernières chartes, choisies
entre bien d'autres, il fallait toujours, comme avant le x⁰ siècle,
pour construire un four ou un moulin, être propriétaire d'un fonds
ou d'un emplacement convenables, mais cela ne suffisait pas le
plus souvent, il fallait encore obtenir du seigneur du territoire le
droit de construire[3]. C'est que la justice du seigneur n'était entière
que : 1° s'il pouvait contraindre les hommes du territoire à venir
à son moulin ou à son four ; 2° s'il interdisait dans les limites de
ce territoire toutes constructions autres que les siennes[4].

Il arrivait souvent qu'une partie seulement des droits lucratifs
des moulins et fours, — droits de propriété et de justice, — était
donnée, vendue, etc. C'est ainsi que G. (miles) et sa femme
donnent au monastère de Corméry le tiers de leur propriété et justice sur les moulins d'A. ; ils lui vendent les deux autres tiers[5].

1. *Cartul. de Noyers* (*Mém. arch. Touraine*, t. XXII), n° CLXXII (vers 1809).
Vendiderunt autem — omne quodcunque habebant in eadem sclusa a — usque
in — et omne ripaticum et omnem aquam et piscationem et guttas et molen-
dina si monachi ea ibi facere voluerint.

2. *Cartul. de Molême*, p. 232 (vers 1097). Et quicquid de decima habebant
in suo dominicatu et furnum ejus ville, ita ut *alius furnus in ipsa villa non
habeatur.*

3. La plus ancienne mention de cette interdiction, à ma connaissance, se
trouve dans *Chart. Sith.*, n° XLVIII, p. 67 (commencement du IX⁰ siècle) : in
villa A. — molendinum fecit (l'abbé O.) volvere aquis contra montem curren-
tibus ; *constituit que ut nullus hominum molendinum extra locum jam dic-
tum construere presumeret.*

4. Voici encore une charte qui mérite d'être citée, car l'interdiction qu'elle
contient est rare. *Cart. de Molême*, p. 244 (a. 1102-1125). Milo comes de B. et
uxor concesserunt S. M. M. furnum de E. villa — tali tenore et libertate ut
nec ipse nec *aliquis heredum suorum in ipsa villa alium furnum unquam
faciat et omnes predicte ville habitatores, ipsius comitis homines vel ejus jus-
ticie subjecti, per consuetudinarium bannum ad furnum S. M. coquant, nec ad
alium.* Concesserunt etiam unam aream convenientem ad faciendam domum
super ipsum furnum. — Ainsi le justicier 1° s'interdit à lui-même de construire
et 2° il cède aux moines le droit de contraindre ses sujets à aller cuire au four
qu'il leur a donné.

5. *Cartul. de Cormery* (*Mém. arch. Touraine*, t. XII), n° LXXXVI (a. 1232).
G. I. miles et M. uxor ejus recognoverunt se dedisse — tertiam partem totius

Souvent aussi le même moulin était la propriété d'un seigneur et un autre y percevait les « coutumes, » c'est-à-dire ici les redevances fiscales[1].

Plus on avance vers le XIV° siècle, plus les moulins tenus en simple propriété, — du moins sans qu'on puisse saisir leur banalité, — deviennent rares. J'ai rencontré, une fois seulement, dans un nombre considérable de chartes, un moulin possédé par des paysans copropriétaires. Ils le vendent à des moines avec le consentement de chevaliers, sires de la terre. Il est évident que ces « rustici » ne constituent pas une communauté ; ils ont hérité en commun de ces moulins[2].

Voici un exemple dans lequel un moulin est la propriété de plusieurs personnes de condition sociale différente. Chacun donne sa part. Ce moulin ne paraît pas, d'après la charte, avoir été banal. Il était tenu en simple propriété[3].

---

juris et dominii, quam habent in molendinis A., reliquas vero duas partes recognoverunt se vendidisse pretio triginta et novem librarum Turon. — in quibuscumque predictae duae partes consistunt, tam in blado, quam in jure *justitiae* et *dominio*, quas habent in molendinis. — Voy. encore *Cart. de Saint-Père de Chartres*, n° XXXVIII.

1. *Cart. de Noyers*, n° XLII (vers 1065). U. de J. donne un four : Dedique dominus G. F. omnes consuetudines quas habebat in *ipso* furno intus et foris de tribus hominibus suis consuetudinariis et de omnibus aliis quos ad eundem furnum adduxerint qui ejus consuetudinarii non sunt.

2. *Cartul. de l'Yonne*, t. I, n° CLXXIX, p. 305 (a. 1135-1144). Emerunt deinde monachi quemdam molendinum — a quibusdam *rusticis* hereditarie cum jure possidentibus, quod et ipsum laudaverunt — milites, etc. — Cette même pièce contient encore un accord intéressant entre les chevaliers H., R. et B. (les milites ci-dessus), d'une part, et les moines. Les premiers donnent... terram in qua sunt molendini (d'autres moulins) ; quos molendinos monachi pro illius terrae donatione fecerunt tali conventione ut milites dimidium reditum (redevances pour l'usage du moulin, c.-à-d. de propriété) eorum molendinorum accipiant, ita sane ut omnia ad molendum necessaria communiter ex utrorumque parte ministrentur ; molendinarius autem per manus monachorum intret et exeat, sic tamen ut fidelitatem militibus faciat ; *gardis autem et justitia et quidquid praeter usum molendi reddiderint molendini, proprie monachorum erunt.* — Ici les moines retiennent la justice.

3. Pérard, *ouv. cit.*, p. 112 (vers 1140) : « Pontius miles de Sancto Lupo » et sa femme donnent « partem quam habebant in loco molendini de Gisla. » — Puis, « aliam partem in loco molendini — dederunt E. Capellanus et fratres sui, L. mater » et d'autres. Hi omnes — partes eelis molendini sibi competentes — dederunt. Il y a bien un sire de Gié qui donne son consentement à cette donation, mais il n'est pas question de la justice de ce moulin de Gié. Quia autem solent Domini domus ministerialium vel villanorum suorum, quamvis injuste, plerumque calumpniari, R. dom. de G. — donum concesserunt.

En résumé, d'après les chartes comme d'après les coutumes :
1° les moulins étaient en totalité ou en partie donnés en propriété,
en fief, en bénéfice, à cens, amodiés à diverses conditions, vendus, constitués en dot; ceci dans l'ordre de la propriété et par contrat.

2° La justice sur les moulins, — quand ils étaient banaux, — était de même donnée, vendue en totalité ou en partie, etc., donnée en fief (justice inféodée). Elle était imposée aux hommes d'un territoire par le seigneur justicier propriétaire dans ce territoire[1].

3° Il n'est jamais question de communauté, et pas une charte ne contient un mot qui permette de supposer que la propriété des moulins et fours ait jamais eu un caractère collectif.

1. Voir, sur ces divers cas, par ex. : Pérard, cit., p. 55 (a. 907), p. 117 (a. 1147). — *Chronique de Saint-Bénigne* (*Analecta Divion.*), p. 360, 459, 475. — *Cart. de Vignory*, p. 40, n° VII ; p. 53, p. 84, 219, n° 99 ; p. 240, 242. — *Cart. de Marmoutiers*, n° CXLI (a. 1080-1100), n° CXLVIII (a. 1095), n° CLXII (a. 1105). — *Cart. de Cormery*, n° XXXIV (a. 1028), n° XXXVII (a. 1028-1040), n° XXXVIII (a. 1028-1040, p. 80), n° LII (a. 1070-1100), n° LXV (a. 1172). — *Cartul. de Jully-les-Nonnains*, n° XII (a. 1155), n° XVII (a. 1170), n° XXVI (a. 1180), n° XXXI (a. 1185), n° LXVI (a. 1223), n° LXIX (a. 1229). — *Cart. de Saint-Maur*, n° VIII (vers 1020), n° XXVI (de 1040 à 1045), dans *Archives d'Anjou*, t. I et t. II, p. 16, n° I. — Enfin *Cart. de l'Yonne*, II, p. 15, p. 21 et passim.

LES
AVENTURES DE SICHAIRE

COMMENTAIRE

DES CHAPITRES XLVII DU LIVRE VII ET XIX DU LIVRE IX

DE L'*HISTOIRE DES FRANCS DE GRÉGOIRE DE TOURS*

PAR

G. MONOD

PARIS

1886

LES

AVENTURES DE SICHAIRE

COMMENTAIRE

DES CHAPITRES XLVII DU LIVRE VII ET XIX DU LIVRE IX

DE L'*HISTOIRE DES FRANCS DE GRÉGOIRE DE TOURS*.

Les chapitres XLVII du livre VII et XIX du livre IX de l'*Historia Francorum* sont bien connus de tous ceux qui se sont occupés de la question de la justice chez les Francs à l'époque mérovingienne. Tout récemment encore, M. Fustel de Coulanges analysait brièvement le premier de ces chapitres dans ses *Recherches sur quelques problèmes d'histoire* (p. 497-498)[1].

Il m'a semblé néanmoins qu'une analyse et un commentaire un peu plus complets de ce chapitre ne seraient pas sans intérêt ni sans utilité[2].

Commençons par donner le texte même[3] et la traduction[4] des chapitres XLVII du liv. VII et XIX du liv. IX.

1. Voyez aussi les *Institutions politiques de la France*, du même auteur, p. 510, n. 1.

2. A consulter spécialement pour le commentaire de ces chapitres, à côté des ouvrages de M. Fustel de Coulanges cités ci-dessus, Thonissen, *l'Organisation judiciaire, le droit pénal et la procédure de la loi salique*; — Beaudhet, *Histoire de l'organisation judiciaire en France*, t. I. *Époque franque*; — Waitz, *Das alte Recht der salischen Franken*, et *Deutsche Verfassungsgeschichte*, t. I et II; — Sohm, *Der Process der Lex Salica* (Trad. française par Thévenin) et *Die fraenkische Reichs u. Gerichtsverfassung*; — Siegel, *Geschichte der d. Gerichtsverfassung*; — Bethmann Hollweg, *Der Civilprocess des gemeinen Rechts*; — Thévenin, *Contributions à l'histoire du droit germanique*. J'ai cité la loi salique d'après Hessels, les formules d'après Zeumer.

3. D'après Arndt et Krusch. *Monumenta Germaniae historica. Scriptores rerum merovingicarum*. T. I, p. 322-324 et 373-374.

4. Traduction Bordier avec quelques corrections.

TEXTE, VII, 47 : « Gravia tunc inter Toronicos cives bella civilia surrexerunt. Nam Sicharius, Johannis quondam filius, dum ad natalis dominici solemnia apud Montalomagensem vicum cum Austrighyselo reliquosque pagenses caelebraret, presbiter loci misit puerum ad aliquorum hominum invitationem, ut ad domum ejus bibendi gratia venire deberint. Veniente vero puero, unus ex his qui invitabantur, extracto gladio, eum ferire non metuit. Qui statim cecidit et mortuus est. Quod cum Sicharius audisset, qui amicitias cum presbitero retinebat, quod scilicet puer ejus fuerit interfectus, arrepta arma ad ecclesiam petit, Austrighyselum opperiens. Ille autem haec audiens, adpraehenso armorum apparatu, contra eum diregit. Mixtisque omnibus, cum se pars utraque conliderit, Sicharius inter clericos ereptus, ad villam suam effugit, relictis in domo presbiteri cum argento et vestimentis quattuor pueris sauciatis. Quo fugiente, Austrighyselus iterum inruens, interfectis pueris, aurum argentumque cum reliquis rebus abstulit. Dehinc cum in judicio civium convenissent, et praeceptum esset, ut Austrighyselus, qui homicida erat, et, interfectis pueris, res sine audientia diripuerat, censura legati condempnaretur. Initio placito, paucis infra diebus Sicharius audiens, quod res, quas Austrighyselus direpuerat, cum Aunone et filio adque ejus fratre Eberulfo retinerentur, postposito placito, conjunctus Audino, mota seditione, cum armatis viris inruit super eos nocte, elisumque hospicium, in quo dormiebant, patrem cum fratre et filio interemit resque eorum cum pecoribus, interfectisque servis, abduxit. Quod nos audientes, vehimenter ex hoc molesti, adjuncto judice, mittimus ad eos legationem, ut in nostri praesentia venientes, accepta ratione, cum pace discederent, ne jurgium in amplius pululared. Quibus venientibus conjunctisque civibus, ego aio : « Nolite, o viri, in sceleribus proficere, ne malum longius extendatur. Perdidimus enim aecclesiae filios; metuemus nunc, ne et alios in hac intentione careamus. Estote, quaeso, pacifici ; et qui malum gessit, stante caritate, conponat, ut sitis filii pacifici... Ecce enim, etsi illis qui noxae subditur, minor est facultas, argento ecclesiae redemitur; interim anima viri non pereat. » Et haec dicens, optuli argentum aecclesie; sed pars Chramnesindi, quae mortem patris fratrisque et patrui requirebat, accepere noluit. His discedentibus, Sicharius iter, ut ad regem ambularet, praeparat, et ob hoc Pectavum ad uxorem cernendam proficiscitur. Cumque servum, ut exerceret opera,

commoneret elevatamque virgam ictibus verberaret, ille, extracto
baltei gladio, dominum sauciare non metuit. Quo in terram
ruente, currentes amici adpraehensum servum crudeliter caesum,
truncatis manibus et pedibus, patibolo damnaverunt. Interim
sonus in Toronicum exiit, Sicharium fuisse defunctum. Cum
autem haec Chramnesindus audisset, commonitis parentibus et
amicis, ad domum ejus properat. Quibus spoliatis, interemptis
nonnullis servorum, domus omnes tam Sicharii quam reliquorum, qui participes hujus villae erant, incendio concremavit,
abducens secum pecora vel quaecumque movere potuit. Tunc
partes a judice ad civitatem deductae, causas proprias prolocun-
tur; inventumque est a judicibus, ut, qui nollens accepere prius
compositionem domus incendiis tradedit, medietatem praecii, quod
ei fuerat judicatum, amitteret (et hoc contra legis actum, ut tantum pacifici redderentur), aliam vero medietatem compositionis
Sicharius redderet. Tunc datum ab aeclesia argentum, quae judi-
caverant, accepta securitate, conposuit, datis sibi partes invicem
sacramentis, ut nullo unquam tempore contra alterum pars alia
musitaret. Et sic altercatio terminum fecit. » — IX, 19 : « Bel-
lum vero illud, quod inter cives Toronicus superius diximus
terminatum, in rediviva rursum insania surgit. Nam Sicharius, cum post interfectionem parentum Chramsindi magnam
cum eo amicitiam patravisset, et in tantum se caritate mutua
diligerent, ut plerumque simul cibum caperent ac in uno pariter
stratu recumberent, quadam die coenam sub nocturno tempore
praeparat Chramsindus, invitans Sicharium ad epulum suum.
Quo veniente, resident pariter ad convivium. Cumque Sicharius
crapulatus a vino multa jactaret in Chramsindo, ad extremum
dixisse fertur : « Magnas mihi debes referre grates, o dulcissime
frater, eo quod interfecerim parentes tuos, de quibus accepta com-
posicione, aurum argentumque superabundabat in domum tuam,
et nudus nunc esses et egens, nisi haec te causa paululum robo-
rasit. » Haec ille audiens, amaro suscepit animo dicta Sichari,
dixitque in corde suo : « Nisi ulciscar interitum parentum meo-
rum, amittere nomen viri debeo et mulier infirma vocare. » Et
statim extinctis luminaribus, caput Sichari seca dividit. Qui par-
volam in ipso vitae termino vocem emittens, cecidit et mortuus
est. Pueri vero, qui cum eo venerant, dilabuntur. Chramsindus
exanimum corpus nudatum vestimentis adpendit in saepis stipite,
ascensisque aequitibus ejus, ad regem pergit; ingressusque aecle-

sia, ad pedes prosternitur regis, dicens : « Vitam peto, o gloriose
rex, eo quod occiderim homines, qui, parentes meus clam interfectis, res omnes diripuerunt. » Cumque expositis per ordinem
causis, regina Brunechildis graviter accepisset, eo quod in ejus
verbo Sicharius positus taliter fuerat interfectus, frendere in eum
coepit. At ille, cum vidisset eam adversam sibi, Vosagensim
territurii Biturigi pagum expetiit, in quo et ejus parentes, eo
quod in regno Guntchramni regis haberetur. Tranquilla quoque,
conjux Sicharii, relictis filiis et rebus viri sui in Toronico sive in
Pectavo, ad parentes suos Mauriopes vicum expetiit; ibique et
matrimonio copulata est. Obiit autem Sicharius quasi annorum
viginti[1]. Fuit autem in vita sua levis, ebriosus, homicida, qui
nonnullis per ebrietatem injuriam intulit. Chramsindus vero iterum ad regem abiit, judicatumque est ei, ut convinceret super se
eum interfecisse. Quod ita fecit. Sed quoniam, ut diximus, regina
Brunechildis in verbo suo posuerat Sicharium, ideoque res hujus
confiscari praecepit; sed in posterum a Flaviano domestico red-
ditae sunt. Sed et ad Aginum properans, epistolam ejus elicuit,
ut a nullo contingeretur. Ipsi enim res ejus a regina concessae
fuerant. »

TRADUCTION, VII, 47 : « De cruelles guerres civiles surgirent
alors entre les citoyens de la Touraine. Sichaire, fils de feu Jean,
célébrait les fêtes de la naissance du Seigneur, dans le bourg de
Manthelan, avec Austrighysèle et les autres habitants, lorsque le
prêtre du lieu envoya un serviteur pour inviter quelques-uns d'entre
eux à venir boire dans sa maison. Comme le serviteur se présentait, un des invités dégaine son épée et ne craint pas de frapper cet
homme, qui, sur-le-champ, tombe et meurt. Sichaire, qui était
lié avec le prêtre, apprenant qu'on a tué l'esclave de son ami,
saisit ses armes et se dirige vers l'église pour y attendre Austrighysèle. Celui-ci, informé du fait, revêt de son côté ses armes
et marche contre lui. Une mêlée commença, et, pendant que les
deux partis se heurtaient, Sichaire, entraîné au milieu des clercs,
se réfugia dans sa terre, laissant quatre serviteurs blessés dans la
maison du prêtre, avec des étoffes précieuses et des ustensiles

---

1. L'éd. de Ruinart porte *quadraginta* et il est certain qu'on s'étonne de voir
un homme de vingt ans jouer le rôle que joue ici Sichaire et d'entendre Grégoire de Tours dire de lui *Fuit in vita sua*, etc. Mais, s'il faut en croire les
derniers éditeurs de l'*Hist. de France*, aucun manuscrit ne justifierait la leçon
quadraginta.

d'argent. Pendant qu'il fuyait, Austrighysèle fit une nouvelle attaque, tua les serviteurs et enleva l'or, l'argent et tout ce qu'il put trouver. A la suite de cela, ils comparurent tous deux devant le tribunal des citoyens, et il fut ordonné qu'Austrighysèle paierait l'amende fixée par la loi pour avoir commis un homicide et enlevé des biens sans jugement. Peu de jours après l'ouverture du plait, Sichaire, apprenant que les objets pillés par Austrighysèle étaient entre les mains d'Aunon, de son fils et de son frère Ébérulf, quitta l'assemblée, s'adjoignit Audin, prépara un coup de main et vint de nuit les attaquer avec des hommes armés; il força le domicile où ils dormaient, tua le père avec son frère et son fils et enleva leurs biens avec leurs troupeaux après avoir massacré leurs esclaves. Nous, apprenant cela, et en étant extrêmement affligés, nous nous joignîmes au comte et leur envoyâmes un message pour qu'ils se présentassent devant nous, et qu'acceptant le jugement, ils se séparassent pacifiquement, de peur que le désordre n'allât toujours en augmentant. Ils vinrent, les citoyens se réunirent, et je leur dis : « Gardez-vous, ô hommes, de persévérer dans vos crimes, de peur que le mal n'aille encore plus loin. Nous avons perdu des enfants de l'Église, et nous craignons que, par cette querelle, d'autres encore viennent à nous manquer. Soyez pacifiques, je vous en conjure, et que celui qui a fait le mal compose, par esprit de charité, afin que vous soyez des enfants de paix qui vous rendiez dignes de posséder, par la grâce du Seigneur, le royaume de Dieu. Car il a dit lui-même : Heureux les pacifiques, car le royaume des cieux leur appartient. Voici donc, comme celui qui est soumis à l'amende n'est pas assez riche pour payer, il sera racheté par l'argent de l'Église; mais que la vie de cet homme soit sauve. » Disant ces mots, j'offris l'argent de l'Église; mais le parti de Chramnesinde qui demandait vengeance de la mort de son père, de son frère et de son oncle, refusa de l'accepter. Ils se retirèrent, et Sichaire se prépara à aller trouver le roi; pour cela, il se rendit d'abord à Poitiers pour voir sa femme. Là, comme il ordonnait à un de ses serviteurs de faire son ouvrage, et, levant sa baguette, le frappait, celui-ci, tirant l'épée de son maître du fourreau, ne craignit pas de l'en frapper. Sichaire tombe à terre; ses amis accourent, saisissant l'esclave, le mutilant cruellement, lui coupent les mains et les pieds, et le condamnent au gibet. Pendant ce temps, le bruit se répand en Touraine

que Sichaire a été tué. A cette nouvelle, Chramnesinde aver-
tit ses parents et amis, court au domaine de Sichaire, le pille,
tue une partie des serviteurs, incendie les maisons de Sichaire et
de ceux qui étaient établis sur le même domaine, et emmène avec
lui les bestiaux et tout ce qui peut être emporté. Alors les parties
sont citées par le juge au tribunal de la ville ; chacune plaide sa
cause ; les juges décidèrent que celui qui, refusant d'accepter la
composition, avait ensuite incendié les maisons de son adversaire,
perdrait la moitié du prix qui lui avait été d'abord adjugé (ceci
n'était pas strictement légal, mais avait pour but de rétablir la paix
entre eux), et que Sichaire paierait l'autre moitié de la composition. Alors, l'Église lui ayant donné la somme d'argent fixée par
les juges, Sichaire paya la composition et reçut une charte de
sécurité ; les deux parties jurèrent réciproquement de ne jamais
rien entreprendre l'une contre l'autre. Ainsi prit fin la querelle. » —
IX, 19 : « La guerre qui avait éclaté entre les citoyens de Tours, et
que nous regardions comme terminée quand nous l'avons précédemment racontée, ressuscite avec une nouvelle furie. Sichaire, après
le meurtre des parents de Chramnesinde, avait lié étroite amitié
avec lui, et ils se chérissaient si tendrement qu'ils prenaient constamment leur repas ensemble et couchaient sur le même lit. Un
jour, Chramnesinde prépare pour le soir un souper et invite
Sichaire à partager son repas. Celui-ci arrive et ils se mettent
à table. Sichaire, quand il fut gorgé de vin, se mit à se vanter,
aux dépens de Chramnesinde, et finit, à ce qu'on rapporte, par
lui dire : « Tu dois, mon très doux frère, me rendre de grandes
actions de grâces de ce que j'ai tué tes parents ; car la composition que tu as reçue fait surabonder l'or et l'argent dans ta maison, et tu serais maintenant nu et misérable si cette affaire ne
t'avait un peu remonté. » Chramnesinde prit en mauvaise part
les paroles de Sichaire, et se dit en lui-même : « Si je ne venge
pas la mort de mes parents, je mérite de perdre le titre d'homme
et d'être qualifié de faible femme. » Et aussitôt que les lumières
furent éteintes, il trancha la tête de Sichaire avec son poignard.
Celui-ci poussa, en expirant, un petit cri et tomba mort. Les serviteurs, qui étaient venus avec lui, se dispersèrent. Chramnesinde, après avoir dépouillé le cadavre de ses vêtements, le
suspendit à un des pieux de sa haie, et, montant à cheval, se
rendit en hâte auprès du roi. Étant entré dans l'enceinte des
bâtiments ecclésiastiques, il se prosterne aux pieds du roi, en

disant : « Je te demande la vie, ô glorieux roi, car j'ai tué des gens qui, après avoir assassiné mes parents par trahison, ont pillé tous leurs biens. » Lorsque l'affaire eut été exposée en détail, la reine Brunehaut prit très mal que Sichaire, qui était son homme, eût été tué de la sorte, et devint furieuse contre Chramnesinde. Celui-ci, voyant sa colère, gagna le pays de Bouges en Berri, où il avait des parents, et qui se trouvait dans le royaume de Gontran. Tranquilla, femme de Sichaire, laissant ses fils et les biens de son mari en Touraine et en Poitou, se rendit auprès de ses parents au bourg de Mauriopes[1], et même s'y maria. Sichaire, qui avait environ vingt ans quand il mourut, était un homme dissipé, ivrogne, homicide, et, quand il était pris de vin, il avait fait du mal à plusieurs personnes. Chramnesinde se rendit de nouveau auprès du roi, et il fut jugé, en sa faveur, qu'il eût à prouver que Sichaire avait commis des meurtres à son détriment. Il le fit. Mais, comme la reine Brunehaut avait pris Sichaire sous sa protection, elle ordonna de confisquer ses biens ; toutefois ils lui furent rendus dans la suite par le domestique Flavianus. Comme il se rendait à Agen, il exhiba une lettre de lui, le mettant à l'abri de toute attaque. C'est en effet à Flavianus que la reine avait concédé ses biens. »

Sans avoir jamais eu la prétention de composer des récits pittoresques ou dramatiques, Grégoire de Tours, rien qu'en racontant tout simplement, dans son rude langage, ce qu'il a vu ou entendu, nous a laissé des tableaux de mœurs d'un relief et d'un coloris incomparables. Parmi ces tableaux de mœurs, il n'en est pas de plus complet, de plus saisissant que l'histoire de Sichaire.

Cette histoire mérite d'attirer notre attention, non seulement à cause de la quantité de renseignements qu'elle nous fournit sur les mœurs et les institutions gallo-franques, mais aussi parce que ces renseignements sont d'une précision et exactitude exceptionnelles. Les événements que Grégoire nous raconte se sont en effet produits sous ses yeux, à Tours même ou près de Tours ; il a connu tous les personnages qu'il met en scène ; il a joué lui-même un rôle dans leurs querelles ; enfin, il a écrit ce récit au moment même où les faits venaient de se passer. Quand il a rédigé le chap. XLVII du liv. VII, il croyait la tragédie finie, la paix rétablie entre les partis en lutte. Lorsque la querelle s'est rallumée et que Sichaire a péri, il a aussitôt

---

1. Sur le mont Mervois, au diocèse de Troyes, d'après Longnon, *Géogr. de la Gaule au VIe s.*, p. 240.

repris la plume pour raconter la fin de ces tragiques aventures et cette fin, séparée du commencement du récit, forme le ch. xix du livre IX. Tous ces événements ont dû se passer entre 585 et 588, car le chap. xlvii du livre VII est placé immédiatement avant le voyage de Gontran à Orléans, qui eut lieu dans l'été de 585, et après la révolte de Gondovald, qui eut lieu aussi en 585. La date de 588 est fixée par le fait que le chap. xix se trouve intercalé entre le récit du traité d'Andelot (28 nov. 587) et celui du voyage de Grégoire à Chalon en avril 588. On pourrait être tenté, comme Grégoire ne s'astreint pas toujours à un ordre strictement chronologique, de placer le début de l'affaire à une date plus voisine de 588, à 586 par exemple ; car Sichaire est déjà marié au chap. xlvii du liv. VII. Or, le chap. xix du liv. IX dit qu'il n'avait que vingt ans quand il mourut, et qu'il laissait des fils.

Les héros de cette histoire sont tous d'origine franque, à l'exception de la femme de Sichaire, Tranquilla, qui était probablement d'origine gallo-romaine[1]. Quant à Sichaire lui-même, il appartenait évidemment à une famille germanique. Pourtant, Grégoire nous dit que son père s'appelait Jean. On peut supposer que le grand-père de Sichaire, nommé Sichaire comme lui (le fils aîné d'une famille prend d'ordinaire le nom du grand-père), aura épousé, après s'être établi en Gaule, une Gallo-Romaine, qui aura voulu donner à son fils un nom chrétien, ou bien que ce Jean aura été le premier de sa race qui se sera fait baptiser, et qu'on lui aura donné en le baptisant le nom de son parrain galloromain. Quoi qu'il en soit, si des noms gallo-romains peuvent déjà se rencontrer dans des familles franques, il est bien certain que le nom de Sichaire ne pouvait pas avoir été donné à un enfant de pure race gallo-romaine. Nous allons voir d'ailleurs chez tous les personnages que Grégoire met en scène éclater dans toute sa sauvagerie la nature barbare primitive. Brutalités sans motifs, besoin de vengeance qui pousse l'homme avec la fatalité d'un instinct, et qui s'impose à lui comme un devoir inéluctable, mépris de la vie humaine, brusques sursauts de passion qui changent en une seconde l'amitié la plus tendre en une haine impitoyable, avidité au pillage, habitudes d'ivrognerie produisant

---

1. M. Fustel de Coulanges dit qu'on ne peut pas conclure de la forme des noms la nationalité des personnages (*Institutions*, p. 493). Nous croyons cette observation juste pour le viie et le viiie s., mais non pour le vi[e].

des accès de gaieté grossière et de subite fureur, tous les traits de
caractère que révèle ce récit sont bien ceux qui conviennent à
des Germains de Tacite que la vie large et facile de la Gaule a
pervertis sans les adoucir.

Ces traits de caractère sont en effet ceux d'une race tout
entière plutôt que ceux d'individus déterminés. Aux époques primitives, les caractères généraux de la race l'emportent sur les
particularités et les penchants individuels. Il faut un certain degré
de civilisation et une culture un peu complexe pour que chaque
homme se distingue de ses semblables par des goûts, des penchants, des qualités ou des défauts particuliers. Il est très vrai
que la civilisation met un frein aux tempéraments et aux instincts, mais il n'est pas vrai qu'elle rende uniformes tous les caractères. Elle produit un effet tout opposé. Tous les compagnons de
Clovis et de Clothaire devaient ressembler plus ou moins à
Sichaire et à Chramnesinde, et nous retrouvons chez les rois
mérovingiens, comme chez eux, la domination tyrannique des
instincts et des passions, les revirements soudains de l'être tout
entier, passant subitement de la tendresse à la fureur, et de la
fureur aux remords.

Sichaire, Chramnesinde, Austrighysèle sont d'ailleurs des
types d'autant plus exacts de ce qu'étaient les envahisseurs germains qu'ils appartenaient à la classe des propriétaires fonciers,
c'est-à-dire qu'ils étaient au nombre de ceux qui jouissaient de
tous les droits de l'homme libre, de l'homme qui ne dépend de
personne pour sa subsistance et son entretien. Ils étaient de ceux
que les textes juridiques désignent sous le nom de *Franci
homines*. Étaient-ils de très grands et très riches propriétaires?
On peut en douter quand on voit Grégoire obligé de proposer de
payer une partie de la composition imposée à Sichaire. Mais on
ne doit pas oublier que les compositions étaient extrêmement éle-
vées. Si l'on calcule, en effet, ce que Sichaire devait rien que pour
le meurtre d'Aunon, de son fils et de son frère, sans tenir compte
ni des esclaves tués, ni des troupeaux et des objets précieux pillés, on voit qu'il avait à payer une valeur intrinsèque de
21,330 fr., ce qui, suivant les estimations les plus faibles, repré-
senterait 228,870 fr. de notre monnaie, et trois fois plus d'après
les estimations de M. de Saulcy[1]. Mais, bien que Sichaire ne fût

___

1. Le meurtre d'un Franc se payait 200 sous d'or (*Les saliens*, XLI, 1); mais

pas assez riche pour payer une somme aussi colossale, il n'en
avait pas moins des terres en Touraine et en Poitou. Sa femme,
Tranquilla, qui était originaire de la Champagne[1], appartenait
aussi à une famille aisée, car elle retourne chez ses parents après
la mort de son mari, et trouve à s'y remarier. Il n'exploitait pas
à lui seul avec ses esclaves le domaine qu'il possédait près du
village de Manthelan[2]. Il y était entouré de parents, d'amis et de
clients qui y avaient leurs maisons et participaient à l'exploitation rurale[3]. La société mérovingienne était déjà fortement hiérarchisée[4]. Les grands propriétaires groupaient autour d'eux
non seulement des esclaves et des colons, mais aussi des hommes
libres qui se trouvaient vis-à-vis d'eux dans un rapport de dépen-
dance et de protection. Ils sont appelés dans les textes de noms
fort divers, *homines, amici, gasindi, suscepti, pares.* Sichaire
paraît avoir été le chef de cette espèce de colonie agricole ; il
recrute parmi eux des hommes armés pour ses entreprises ; il est
entouré par eux quand il se présente au tribunal. Il avait dans le
Poitou un autre domaine organisé comme celui de Manthelan.

« Si quis, collecto contubernio, hominem ingenuum in domum suam assaillive-
rit et ibidem eum occiderit..... Si iste in truste dominica non fuit, sol. DC cul-
pabilis judicetur. » (*Lex salica*, XLII, 1.) Or, trois meurtres à ce taux font
1,800 sous. D'après Guérard, le sou d'or vaut 9 fr. 25 et l'argent avait une
valeur de 10,73 plus forte qu'aujourd'hui. D'après M. de Saulcy, la valeur serait
de 32,60 plus grande et l'on admet d'ordinaire que la valeur du sou d'or est
de 11 fr. 85 (Hiver, *Recherches sur la monnaie et sur la valeur de l'argent
en France*). L'énormité des compensations et des amendes rendait éternelles
les querelles de famille par l'impossibilité où l'on était de les payer ; elle ame-
nait aussi l'application de la peine de mort.

1. De *Meuriopes,* dans le Morvois, qui faisait partie de la cité de Troyes.
Longnon, *Géographie de la Gaule au VIe s.*, p. 341.

2. « Montalomagensis vicus ; » arr. de Loches, cant. de Ligueil. Longnon,
p. 278.

3. « Domus Sicharii vel reliquorum qui participes hujus villae erant. » Ce
texte nous indique une espèce d'exploitation en commun d'une terre. M. Fustel de Coulanges, dans son commentaire sur le titre *De migrantibus* de la Loi
salique, n'en a pas tenu compte et pourtant on peut y trouver une assez forte
objection à sa théorie.

4. M. Fustel de Coulanges a insisté avec raison sur ce caractère de la société
mérovingienne. La Germanie de Tacite elle-même nous offre l'image d'une
société bien plutôt aristocratique que démocratique et les *principes* de Tacite
sont à nos yeux très semblables aux *potentes* mérovingiens. Seulement il ne
faut pas oublier que le petit propriétaire libre a théoriquement les mêmes
droits que le grand propriétaire et que cette aristocratie n'est à aucun degré
une caste noble fermée, mais une classe d'hommes riches et puissants à laquelle
tout homme libre peut appartenir, si les circonstances le favorisent.

On peut le considérer comme un de ces *potentes* que nous voyons figurer dans les formules, dans les actes royaux, et qui nous sont représentés dans la Constitution de 614 comme exerçant des droits de justice sur leurs terres. Aunon, le père de Chramnesinde, était un propriétaire comme Sichaire et occupait une position sociale analogue à la sienne.

Maintenant que nous connaissons les personnages du drame, suivons-en les diverses péripéties.

Transportons-nous aux fêtes de Noël de l'année 585 dans le village de Manthelan, que l'évêque de Tours, Volusianus, avait fondé à la fin du siècle précédent[1], et qui était devenu assez important pour avoir un prêtre et une église[2]. Cette église n'était pas construite sur les terres d'un propriétaire; elle devait avoir été construite sur des terres appartenant à l'évêché de Tours; elle avait certainement une assez grande importance, puisqu'elle est qualifiée d'*ecclesia* et non d'*oratorium*, et qu'elle était la résidence d'un prêtre entouré de plusieurs clercs. Il faut entendre par le mot *ecclesia*, non seulement le sanctuaire lui-même, mais aussi les maisons du prêtre et des clercs qui y étaient attenantes. Ce prêtre dépendait directement de l'évêque de Tours, et les relations étroites qui rattachaient la fondation de l'évêque Volusien à l'église cathédrale rendent encore plus naturelle l'intervention de Grégoire dans une querelle qui avait eu pour origine le meurtre d'un serviteur du prêtre de Manthelan.

C'est la célébration de la fête de Noël de l'année 585 qui fut l'occasion de la querelle d'où devait surgir une si longue série de meurtres et de violences. Cette fête était en effet une de celles qui donnaient naissance au plus grand nombre de scandales. Fixée dans le cours du IVe siècle au 25 décembre, elle se mêlait dans l'esprit des populations encore à demi païennes avec la tradition des antiques saturnales (17-24 décembre) et avec les réjouissances populaires qui célébraient la renaissance du soleil (*natales invicti solis*[3]). L'Église avait beau recommander aux fidèles de ne pas mêler les pratiques païennes à la commémoration des fêtes chrétiennes, elle provoquait elle-même ce mélange en assi-

---

1. Greg. Tur., *Hist. Franc.*, X, 31.
2. C'est à tort que M. Longnon ne fait pas figurer Manthelan parmi les cités dont l'église est mentionnée au VIe s.
3. Cf. Werensdorf, *De Originibus solemnium natalis Christi ex festivitate Natalis Invicti*, 1757.

gnant à ses fêtes la date même des fêtes anciennes qu'elle voulait
abolir. De même que les derniers jours de décembre étaient pour
les Romains une époque de réjouissances et de liesse égalitaire, il
fut prescrit aux chrétiens de faire de Noël une fête essentiellement
joyeuse. On taxait d'hérésie ceux qui, à l'exemple des Priscillia-
nistes, jeûnaient à Noël, et ne se réjouissaient pas suffisamment
de la réalité de l'incarnation. Le pape saint Léon recommande
expressément dans son premier sermon sur la Nativité de la fêter
d'un cœur joyeux, et, si dans son troisième sermon il fait observer
que cette gaieté doit être une gaieté spirituelle et non charnelle,
il est à croire que beaucoup de fidèles ne suivaient que trop scru-
puleusement le précepte de se réjouir. Dans toute l'Europe d'ailleurs, à travers le moyen âge et jusqu'à nos jours, la fête de
Noël a conservé son caractère de réjouissance populaire. Si l'on
ne crie plus *Noël!* sur le passage des souverains, on chante encore
dans nos campagnes les Noëls d'autrefois; en France, la bûche de
Noël arrosée d'huile et de vin, l'arbre de Noël en Allemagne, en
Angleterre les danses sous le Mistletoe, prouvent avec quelle
force les usages populaires dont l'origine remonte sans doute au
delà du christianisme se sont maintenus à côté des cérémonies de
l'Église.

Au vi^e siècle, l'Église ne se contentait pas de célébrer les
messes canoniques et d'inviter les fidèles à prendre part à la
communion; pour faire participer un plus grand nombre de personnes à ses fêtes, et les continuer même hors du sanctuaire, elle
avait institué l'usage gracieux et cordial des *eulogies*. On appelait ainsi le pain et le vin bénits que les évêques ou les prêtres
distribuaient aux fidèles, même à ceux qui n'avaient pas pu, pour
un motif quelconque, prendre part au sacrement. Tantôt on dis-
tribuait les eulogies à l'église même, après la communion; tantôt
le prêtre les donnait chez lui; ainsi Grégoire de Tours invite le
roi Gontran à venir chez lui recevoir les eulogies en l'honneur
de saint Martin; tantôt même les membres du clergé envoyaient
les eulogies à leurs collègues ou à d'autres personnages, avec des
lettres dont Marculf nous a conservé les formules[1]. Cette pieuse
coutume qu'on répétait à mainte occasion, aux fêtes des saints,
aux enterrements, aux divers jours fériés, entraînait de singuliers
abus. Sous prétexte d'eulogies, on se livrait à toutes sortes

---

1. Marculf, II, 42, 44, 45.

d'excès. On donnait de grands festins où le vin coulait à flots et qui engendraient tantôt des débauches crapuleuses, tantôt des rixes et des violences homicides. Les prêtres de campagne, qui ressemblaient souvent à ces clercs ivrognes et débauchés du xiii° s. dont Eudes Rigaut nous révélera les turpitudes, étaient les premiers à favoriser les vices de leurs paroissiens. Ils les encourageaient à boire en l'honneur des saints, ils excitaient leurs rires et leurs applaudissements en racontant des contes et en chantant des chansons[1]; ils poussaient les convives à s'entrequereller, à en venir aux mains; ils se mêlaient même parfois aux combattants; si bien que ceux à qui les canons interdisaient l'entrée des tavernes, transformaient en cabaret la maison même de Dieu.

Nous ne saurions affirmer que le prêtre de Manthelan fût au nombre de ces prêtres dévergondés; car Grégoire nous dit simplement qu'il fêtait Noël avec Austrighysèle et les autres habitants du pays, et nous aimerions à croire que, s'il envoya son serviteur pour inviter quelques personnes à venir boire chez lui, c'était simplement pour leur offrir les eulogies, sans dépasser la juste mesure que prescrira plus tard le concile de Nantes de 660, c'est-à-dire en leur donnant du pain et à chacun un seul verre de vin (*unum biberent*). Mais l'amitié du prêtre pour Sichaire, que Grégoire nous décrit comme « *levis, ebriosus, homicida,* » nous donne à penser que ses intentions n'étaient pas aussi pures, et que, sous prétexte d'eulogies, c'était à des libations extra-canoniques qu'il convoquait ses ouailles.

Celles-ci, mettant en pratique trop à la lettre la recommandation de fêter joyeusement Noël et de ne pas jeûner ce jour-là, n'avaient sans doute pas attendu pour boire l'invitation de leur curé; car on ne peut mettre que sur le compte de l'ivresse l'acte de furieuse brutalité dont l'un d'eux se rendit coupable. A la vue du serviteur qui venait l'inviter, il tira son épée et, d'un coup, l'étendit raide mort. C'était là un de ces accidents qui n'étaient point rares dans la société germanique. Tacite nous parle des terribles effets de l'ivresse sur les lourdes et silencieuses natures germaines qui se ruaient tout à coup aux coups et au meurtre, sans même avoir commencé par s'insulter[2]. La malheureuse

1. Cf. *Concilium Namnetense*, 660; Hincmar, *Capitula presbyteris data*, c. 14, 15, 16.

2. *Germania*, c. 22. « Crebrae, ut inter vinolentas rixae, raro conviciis, saepius caede et vulneribus transiguntur. »

victime de cette subite fureur n'était d'ailleurs qu'un serviteur, sans doute un esclave, et les Germains, qui d'ordinaire traitaient leurs esclaves avec humanité, ne se faisaient guère scrupule de les tuer dans un emportement de colère[1]. Quand il s'agissait d'un de leurs esclaves, la chose n'avait pas de conséquences ; l'Église seule, supérieure en moralité à la société civile, s'inquiétait du sort de l'esclave et frappait de deux ans d'excommunication le maître qui mettait son esclave à mort sans que le juge eût donné son assentiment[2]. S'il s'agissait de l'esclave d'autrui, la composition à payer était égale à celle qui était due pour le vol d'un cheval ; elle était de trente sous[3]. Si l'esclave était, comme c'est ici le cas, un serviteur domestique, un *puer* ou *vassus ad ministerium*[4], la composition s'élève à quarante-cinq sous. On comptait pour peu de chose la vie des esclaves et nous les voyons, dans tout le cours des aventures de Sichaire, pâtir cruellement des violences des deux partis. On les massacre, on les mutile, exactement comme on pille le mobilier et comme on enlève les bestiaux, pour faire du dégât dans la propriété d'autrui.

Le meurtre d'un esclave n'était pas un crime envers l'esclave, mais une offense envers son maître. Aussi Sichaire, ami du prêtre, dès qu'il apprend ce qui vient d'arriver, songe-t-il à venger son injure, non pas sur le meurtrier lui-même, qui naturellement se tenait sur ses gardes, mais sur Austrighysèle, qui était probablement le chef de la bande à laquelle celui-ci appartenait. Nous allons maintenant trouver en présence, non pas deux individus, mais deux bandes, deux clans pour ainsi dire ; d'un côté Sichaire, Audin, et les parents, amis, colons, serviteurs, qui se trouvent associés à Sichaire sur ses terres de Touraine et de Poitou ; de l'autre, Austrighysèle, Aunon, Eberulf, Chramnesinde, qui paraissent avoir formé une bande plus riche et plus puissante encore.

Aussi loin que nous pouvons remonter dans la connaissance des mœurs des Germains, nous trouvons chez eux des groupements analogues. Les mots de démocratie et d'aristocratie sont

1. *Germ.*, c. 25. « Servum..... occidere solent, non disciplina et severitate, sed impetu et ira. »

2. Concile d'Agde (506), c. 62 ; Concile de Saint-Romain d'Albon (Conc. Epaonense), c. 34.

3. *Lex salica*, X, 1.

4. *Lex salica*, XXXV, 5. Cf. Thonissen, *l'Organisation judiciaire, le droit pénal et la procédure publique d'après la loi salique*, p. 149.

également inexacts pour désigner un pareil état social. Ce n'est pas une démocratie, puisque les hommes libres ne jouent pas dans l'État un rôle identique et indépendant; ce n'est pas une aristocratie, puisqu'il n'y a pas une classe spéciale d'hommes libres, séparée juridiquement du reste de la nation, se recrutant par l'hérédité et jouissant de droits spéciaux. Mais c'est une société hiérarchisée qui se compose non d'individus agglomérés, mais de groupes organiques associés entre eux. Ces groupes sont formés soit par les liens naturels de la parenté, soit par les liens accidentels de l'association volontaire qui rattache les compagnons à un homme riche et puissant, à un *princeps*, soit enfin par les liens de subordination sociale qui unissent le propriétaire à ses colons, à ses affranchis, à ses esclaves. Les hommes libres commandent à ceux qui font partie de cette dernière catégorie; quant aux parents ou aux associés volontaires, la loi et les mœurs, qui, d'ailleurs, se confondent dans un temps et chez des peuples soumis au règne de la coutume, les rendaient solidaires, soit devant la justice, où ils étaient unis pour recevoir ou pour payer la composition, soit dans la vie quotidienne, où ils mettaient en commun leur travail, leurs amitiés et leurs haines[1]. Quand la conquête de la Gaule eut enrichi les Francs, en eut fait de grands propriétaires fonciers, ce groupement des éléments sociaux prit encore plus de généralité et de force, et l'on peut déjà prévoir le moment où de la société germanique sortira la société féodale, fondée comme elle sur les rapports personnels, volontaires ou naturels, qui unissent l'homme à l'homme. Ce sont ces grands propriétaires, ces chefs de famille, ces chefs d'exploitation, ces chefs d'association, ces chefs de bande qui exercent l'influence dominante dans les tribunaux, qui donnent à l'armée une certaine cohésion et un certain ordre, qui jouent un rôle décisif dans les assemblées réunies périodiquement autour des rois. Ceux-ci ont beau avoir un pouvoir considérable qu'ils doivent à la majesté mystérieuse de leur origine, à leur qualité de chefs militaires, aux trésors dont ils disposent; ils ont beau vouloir exercer ce pouvoir à la romaine et constituer une administration dépendante d'eux seuls, ils ont beau être investis par l'Église chrétienne d'un caractère religieux, ils ne seront jamais de véritables monarques. Ils seront toujours, en

---

1. « Suscipere tam inimicitias seu patris seu propinqui quam amicitias necesse est. » Tacite, Germ., 21.

fait, plus des suzerains que des souverains. A la fin du vi° siècle,
toutefois, au lendemain de la conquête, ils étaient à l'apogée de
leur puissance, car ils avaient entre les mains une force maté-
rielle à laquelle il était difficile de résister, et la majorité de leurs
sujets étaient intéressés à les servir et à leur obéir.

Il était utile de rappeler ces idées générales sur l'organisation
sociale de la Gaule franque, pour bien comprendre la lutte qui
va s'engager.

Sichaire, apprenant l'attentat commis sur le serviteur de son
ami le prêtre, s'entoure d'une troupe d'hommes armés[1] et se rend
vers l'enceinte de l'église[2] pour y attendre Austrighysèle. Celui-ci,
qui était aussi parmi les invités du prêtre, fut averti de l'embus-
cade où il allait tomber. Il arma à son tour une troupe et atta-
qua le premier. Après une mêlée où il y eut des blessés de part et
d'autre, Sichaire eut le dessous ; il échappa grâce aux clercs de
l'église[3], et se réfugia dans sa villa, laissant dans la maison du
prêtre quatre serviteurs blessés, des étoffes et des objets précieux[4].
Austrighysèle met la maison au pillage, massacre les serviteurs
de Sichaire et se retire emportant tous les objets de prix qui s'y
trouvaient. Pour dépister les recherches que Sichaire et ses amis
ne pouvaient manquer de faire, comme la coutume les y autori-
sait[5], il déposa tout le butin qu'il avait fait chez Aunon et ses fils
et chez Ebérulf son frère.

---

1. Le texte dit simplement *correpta arma*, mais le contexte de la phrase suivante « Mixtisque omnibus, etc., » prouve que Sichaire et Austrighysèle avaient
chacun une troupe avec eux.

2. Les mots « ad ecclesiam » ne doivent pas être compris au sens étroit de
l'église proprement dite, mais de l'ensemble des constructions dont l'église faisait partie. La suite du récit prouve bien que ce ne fut pas l'église, mais la
maison du prêtre qui fut le théâtre du combat.

3. Peut-être « inter clericos ereptus » signifie-t-il qu'il revêtit des vêtements
d'ecclésiastique et s'échappe au milieu des clercs.

4. On peut hésiter sur le sens des mots « Cum argento et vestimentis », et « aurum
argentumque » de la phrase suivante. Argentum et aurum peuvent signifier de
l'argent et de l'or monnayé, et on pourrait croire que les vestiments sont ceux
que Sichaire avait dépouillés pour se déguiser et s'enfuir. Mais je pense qu'il
s'agit plutôt de ces ustensiles d'or et d'argent, de ces draperies et étoffes précieuses qui composaient les trésors des riches Germains et dont ils tiraient
volontiers vanité. Sichaire en aura envoyé un certain nombre chez son ami le
prêtre pour orner sa maison et sa table, peut-être aussi l'église, le jour de Noël.

5. Cf. les titres XXXVII et XLVII de la Loi salique. M. Thonissen, p. 531 et
ss. de son excellent ouvrage sur la Loi salique, croit que le droit de poursuivre pendant trois nuits un voleur à la trace, « vestigia minari, » de se sai-

Sichaire ne put sans doute pas remettre la main sur les objets
volés dans le délai de trois nuits que la loi lui accordait pour les
reprendre au voleur ou aux recéleurs, et, d'ailleurs, Austrighysèle avait à répondre pour homicide en même temps que pour vol.

A la suite de ces événements s'ouvrent une série d'actions judi-
ciaires dont le caractère peut être interprété de diverses manières.
J'exposerai les faits tels que je les comprends, sans entreprendre
à propos de chacun d'eux une discussion qui m'entraînerait trop
loin et m'obligerait à exposer et à discuter toute l'organisation
judiciaire chez les Francs.

Les deux parties comparaissent devant le tribunal des hommes
libres, « in judicio civium. » Qui les y a convoqués ? Grégoire ne
le dit pas ; et nous devons croire qu'elles y sont venues à la suite
d'un ajournement, d'une *mannitio* faite par Sichaire, suivant des
formes légales dont le détail ne nous est pas connu[1]. Quel est ce
tribunal ? C'est évidemment le tribunal ordinaire du district, qui
se réunissait à intervalles fixes, auquel assistaient les hommes
libres, et où les décisions étaient prises par les rachimbourgs sous
la présidence du centenier ou du comte[2]. Ce tribunal tient-il ses
assises à Manthelan même ou à Tours ? On ne peut conclure du
mot *cives* que ce soit à Tours, puisque Grégoire a déjà qualifié de *cives Turonici* les habitants de Manthelan, et la teneur
du récit nous porterait plutôt à croire que le second et le troisième procès eurent seuls lieu à Tours. Il ne faut pas conclure

sir des objets volés en les remettant à un tiers, « intertiare, » ne s'appliquait
qu'au vol d'animaux et d'esclaves. Il n'a pas fait attention que le titre XLVII
porte : « Aut qualibet rem. » Ce qui est vrai, c'est que ces recherches
étaient fort difficiles pour les objets mobiliers ; la loi ripuaire interdit d'intertiare lorsque les objets ne sont pas aisément reconnaissables, « absque proba-
bili signo. » *Lex rip.*, LXXIV, 13. Voyez, sur l'intertiation, Thévenin, *Contrib.
à l'hist. du droit germanique.*

1. Voyez à ce sujet le chap. i du liv. III de Thonissen : *De l'ajournement*,
et Sohm, *Der Process der Lex salica*, trad. Thévenin, ch. ii, 2.

2. Il y aurait lieu de discuter à ce sujet une série de questions accessoires.
Ce tribunal se tenait-il dans chaque canton, dans chaque centaine ? Qu'était-
ce que les centaines ? Était-ce le comte qui le tenait en des lieux divers et à
des époques fixées par lui ? Ou le centenier pouvait-il présider le tribunal pour
toutes les causes ? En tous cas, on ne peut guère douter qu'il n'y eût des assises
régulières des tribunaux, à époques fixes. Non seulement cela est dans la nature
même des choses, mais nous en avons des preuves directes pour les Alamans
(*Les Alam.*, XXXVI) et les Bavarois (*Les Bav.*, II, 14) et une foule de textes
francs en témoignant implicitement ; p. ex. le t. II du *Pactus pro tenore pacis*,
qui ordonne que le voleur soit présenté aux juges à trois malls successifs.

non plus du fait que les citoyens sont seuls nommés que nous n'avons pas affaire ici à un tribunal régulier présidé par le comte, mais à une simple réunion d'arbitres sans la participation d'aucun fonctionnaire public[1]. Il serait non moins erroné de conclure d'un texte, où le comte seul est nommé, qu'il a jugé seul sans la participation des rachimbourgs[2]; même s'il s'agissait d'un simple acte d'arbitrage, le comte n'en interviendrait pas moins; nous le voyons figurer dans toutes les formules et les textes législatifs avec les rachimbourgs, qu'il s'agisse de procéder à une saisie, d'enregistrer une donation ou de recevoir une déclaration de divorce[3]. Si Grégoire ne mentionne que les *cives*, c'est que dans une affaire de ce genre, où il ne peut pas être question de peines corporelles, mais seulement d'une composition, ce sont les rachimbourgs qui jouent le rôle principal en déterminant la quotité de la composition à payer. C'est ainsi que dans les *Formulae Turonenses* (n° 31) il est question d'un accusé à qui il a été accordé un délai de quarante jours *per judicium bonorum virorum;* bien que nous voyions dans la formule 30 que le comte présidait l'assemblée qui a accordé ce délai. Pouvait-il d'ailleurs être question d'arbitrage dans le cas présent? Austrighysèle s'y serait-il soumis? Il est dit formellement par notre texte qu'il s'agit d'une instance juridique, devant amener une sentence légale et poursuivie plusieurs jours durant dans un plaid régulier, c'est-à-dire dans une assise judiciaire. Il s'agit donc ici du tribunal ordinaire, présidé par le comte ou par le centenier et se réunissant périodiquement à époques fixes. Austrighysèle, sommé par Sichaire, y comparut; ne pas se rendre à cette sommation[4], c'était, en effet, encourir une amende de quinze sous, et être condamné *ipso facto* à payer la composition due pour le crime que lui reprochait son adversaire[5].

1. C'est la supposition faite par M. Fustel de Coulanges. *Instit. polit. de l'ancienne France,* p. 510.

2. Fustel de C., *Recherches,* p. 457, ss.

3. Aujourd'hui, on peut dire d'un criminel qu'il a été condamné par les jurés, comme aussi qu'il a été condamné à vingt ans de travaux forcés par les juges de la cour d'assises de la Seine, ou par la cour d'assises. M. Fustel tire, à notre avis, une conclusion forcée des textes où le comte seul est mentionné comme juge, tandis que d'après lui, dans les cas où la composition est prononcée, les rachimbourgs jugent seuls et le comte ne fait que présider. Mais, dans la *Securitas de homicidio* des *Formulae Turonenses* (v° 38), il n'est question que du *judex,* c'est-à-dire du comte. S'ensuit-il qu'il fût seul présent au jugement?

4. *Lex sal.,* I, 1.

5. Cf. Thonissen, p. 453.

Le tribunal assemblé, Sichaire dut sommer Austrighysèle de répondre à l'accusation qu'il portait contre lui, et les rachimbourgs de prononcer un jugement[1]. Ceux-ci se trouvaient en présence d'un fait patent et public; mais le défendeur pouvait alléguer des excuses, le cas de provocation et de légitime défense, et se disculper par son serment personnel et par le serment de témoins oculaires. C'est ainsi que nous voyons dans les formules de Tours (30 et 31) un meurtrier se disculper du crime qu'il a commis. Les rachimbourgs rendent à la sommation de Sichaire, non un jugement définitif, car nous voyons l'affaire se poursuivre encore après ce jugement, mais un jugement préliminaire « déclarant qu'il y avait lieu de condamner Austrighysèle conformément à la loi pour avoir commis des meurtres et enlevé le bien d'autrui sans jugement[2]. » Ces derniers mots font allusion à ce fait que, lorsqu'un homme condamné à payer une composition ne la payait pas, le demandeur faisait saisir, par le comte et les rachimbourgs, les meubles du condamné pour une valeur équivalente au montant de la composition[3]. Austrighysèle se trouvait passible de 180 sous de composition pour le meurtre de quatre esclaves[4] domestiques et d'une composition plus forte encore pour le pillage de la maison du prêtre[5]. Mais Austrighysèle ne pouvait pas se reconnaître coupable et il dut offrir de se purger par serment ou par témoins de

1. Sur la formule de *Turgeno*, par laquelle le défendeur était sommé par le demandeur de s'expliquer, voy. Thonissen, l. IV, *l. cit.*, ch. iii. *Lex sal.*, t. LVII.

2. Je ne puis pas entrer dans la discussion des textes qui nous permettent de croire qu'il y avait souvent un jugement préliminaire, suivi de l'administration des preuves par le défendeur ou le demandeur. Je me contente de renvoyer à Thonissen, liv. II, sect. 2, ch. i. Le texte qui nous occupe me paraît fournir un argument important en faveur de son opinion. Je n'examine pas non plus la question des *rachimbourgs*, des *boni homines* qui jouaient le principal rôle dans le procès, et n'entrerai pas dans les discussions qui ont été soulevées sur leur nombre et leur rôle. Je suis d'avis qu'ils étaient désignés par le comte avec l'assentiment des membres de l'assemblée. Voyez à ce sujet la discussion de Beauchet, *Hist. de l'org. jud. en France*, I, p. 28 et ss., et Fustel de Coulanges, *Recherches*, p. 423 et ss.

3. *Lex sal.*, t. L.

4. *Lex sal.*, t. X et XXXV. Thonissen, p. 286.

5. Nous ne trouvons pas dans la Loi salique de disposition directement applicable au cas dont il s'agit ici. Mais le titre XVI, 3, de la *Lex emendata* frappe d'une amende de 200 sous celui qui enlève des objets d'une habitation qu'il a cavahle. Les complices paient 62 sous et demi. Peut-être, avant l'époque de la *Lex emendata*, le principal coupable n'avait-il aussi à payer que 62 sous et demi, ce qui paraît être le tarif du vol accompagné de violences, et de plus à restituer les objets volés.

l'accusation portée contre lui, car nous voyons les deux parties
rester en présence dans le tribunal pendant plusieurs jours. Tout
à coup Sichaire apprend en quel endroit, chez qui sont recélés les
objets qu'on lui a volés, et qui, sans doute, lui tenaient plus encore
à cœur que la condamnation d'Austrighysèle. Aussitôt, n'écoutant
que sa colère, sans s'inquiéter des conséquences de l'abandon de
la poursuite[1], il quitte le tribunal, réunit des hommes armés,
entre autres son ami Audin, et, au milieu de la nuit, se précipite
comme un furieux sur la demeure d'Aunon et d'Ebérulf, en brise
les portes, massacre Aunon, Ebérulf, un des fils d'Aunon, massacre aussi leurs esclaves, et rentre chez lui emmenant leurs
richesses et leurs troupeaux.

C'était une véritable guerre privée, une véritable *faida* qui
commençait. Grégoire de Tours en fut profondément attristé, car
c'étaient des membres de son église qui se faisaient ainsi la guerre ;
c'étaient ses fils spirituels qui s'exterminaient les uns les autres,
au mépris de la loi de Dieu et au péril de leur salut éternel.
L'évêque de Tours montra en cette circonstance son énergie, sa
décision habituelle, et en même temps cet esprit de mansuétude et
d'indulgence qui lui faisait désirer, non la punition des coupables,
mais le rétablissement de la paix. Pouvait-on d'ailleurs parler de
coupables, au sens strict du mot, dans une société où l'on vivait
l'épée à la main, où la poussée irrépressible des instincts et des
passions faisait commettre des actes sauvages dont on avait à
peine conscience? Combien il était naturel que le paiement d'une
composition fût la seule conséquence juridique de l'homicide! Personne, pas même les ecclésiastiques, ne devait y voir un crime
bien grave ; et, au point de vue de la sécurité publique, l'espoir de
recevoir une riche compensation, la crainte d'être appauvri par
des amendes, devaient être plus efficaces pour maintenir la paix,
que la menace des châtiments corporels.

L'Église nous apparaît ici dans son noble rôle de pacificatrice.
Elle moralise les barbares, non en leur imposant une loi rigide et
absolue, mais en jetant au milieu de leurs passions déchaînées des
paroles de paix et d'amour, en leur donnant l'exemple de la vertu
et de la bonté. Les rois francs, qui devaient en grande partie leur

---

1. La poursuite criminelle étant due à l'initiative de Sichaire, il perdait tous
ses droits à la composition et il est probable qu'il était de plus passible d'une
amende de 15 sous. Celui qui abandonnait une affaire en cours devait, en effet,
être assimilé au demandeur qui ne se présentait pas en justice. *Lex sal.*, I, 1.

pouvoir à l'appui que le clergé avait donné à Clovis, avaient compris quels services l'Église pouvait rendre à l'ordre public. Ils lui reconnaissaient un droit de surveillance sur les fonctionnaires publics[1], ils mettaient la justice séculière au service de la loi ecclésiastique[2]. Aussi, l'évêque pouvait-il prendre part, non seulement aux procès mixtes, entre clercs et laïques, mais encore à tous ceux où les intérêts de l'Église étaient en jeu[3]. Et n'étaient-ils pas toujours en jeu, puisque les plaideurs étaient tous des enfants de l'Église ?

Si jamais il y eut affaire qui intéressât l'Église, c'était cette lutte de puissants propriétaires entourés de leur nombreuse clientèle, de leurs parents et de leurs amis, qui répandait le pillage et le meurtre dans le bourg de Manthelan. Aussi Grégoire invite-t-il le comte à prendre les mesures nécessaires pour qu'une décision légale acceptée des deux parties mette fin à la querelle. Ils réunissent à Tours un tribunal extraordinaire, et ils envoient à Sichaire et à Chramnesinde, le fils survivant d'Aunon, l'invitation d'y comparaître[4].

Cette nouvelle réunion n'est pas plus que la précédente une assemblée d'un caractère exceptionnel, différente des assises ordinaires des tribunaux. Elle est convoquée expressément par le comte et l'évêque en vue d'une affaire spéciale en dehors des époques fixes où le tribunal était légalement obligé de se réunir, mais rien ne nous autorise à croire que tout ne s'y passe pas conformément aux règles juridiques ordinaires[5]. Nous y voyons, en

1. *Constit. Chlot.*, 6. « Si judex aliquem contra legem injuste damnaverit, in nostri absentia ab episcopo castigetur. »

2. *Childeb. Decretio*, 2. « Qui vero episcopo vero audire noluerit..... omnes facultates suas parentibus legitimis amittat. »

3. *Formulæ Andegavenses*, 32. « Igitur cum pro utilitate ecclesiæ vel principale negocio apostolocus vir domnus illi episcopus necnon et inlustre vir illi comes in civitate Andecavo cum reliquis venerabilibus atque magnificis rei publici viris resedisset... » Dans le *De Vita Patrum*, VIII, 9, nous voyons l'évêque Firminius siéger au tribunal avec le comte dans une affaire de vol entre deux laïques.

4. Ceci, comme ce qui se passa lors de la troisième assise, nous prouve que les parties pouvaient être citées à comparaître par l'autorité publique et non pas seulement par l'initiative d'une d'entre elles. Il est probable que dans un cas comme dans l'autre la procédure suivie contre les contumaces était la même, ainsi que les amendes contre les non comparants. Voy. Thonissen, p. 423 et ss.

5. On pourrait se demander s'il ne s'agit pas ici d'un de ces arrangements à l'amiable dont parle M. Thonissen, p. 208. Mais, sans compter que M. Thonissen ne fournit aucune preuve que de pareils arrangements eussent lieu, nous

effet, figurer les citoyens de Tours qui y jouent évidemment le même rôle que les *cives* du premier tribunal, et que les *judices* que nous verrons tout à l'heure. L'ancienne affaire de Sichaire et d'Austrighysèle n'y est pas introduite, car Sichaire a lui-même mis fin à cette cause en en abandonnant la poursuite ; c'est Chramnesinde, le fils survivant d'Aunon, qui, entouré de son parti (*pars*), c'est-à-dire de ses amis et parents, poursuit Sichaire, meurtrier de son père, de son frère et de son oncle. La condamnation de Sichaire était certaine ; mais il n'était pas moins certain que Sichaire serait incapable de la payer, car il tombait sous le coup du titre XLII de la loi salique, relatif au meurtre commis par une bande armée avec violation de domicile. La mort des trois victimes entraînait au moins 1,800 sous de composition ; il fallait y ajouter les compositions dues par les complices de Sichaire, celles qu'entraînait le massacre des esclaves et l'enlèvement des trésors et des troupeaux. Chramnesinde comptait bien sur l'impossibilité où se trouverait Sichaire de payer ; il espérait même qu'après avoir, conformément au titre LVIII de la loi salique *de Chrenecruda*, invoqué l'aide de ses parents, Sichaire lui serait livré ; et qu'après l'avoir conduit à quatre malls successifs, sans que personne se présentât pour payer pour lui, il pourrait assouvir sur lui sa vengeance et le faire périr[1].

Grégoire voulait arrêter cette série de crimes et de vengeances, aussi, avec une générosité pleine de simplicité et de grandeur, offrit-il de payer la composition avec l'argent de l'Église.

Chramnesinde et son parti, voyant leur vengeance leur échapper, refusent d'accepter cette proposition. En avaient-ils le droit après avoir comparu au tribunal et accepté sa juridiction, « accepta ratione ? » La chose est douteuse, mais le cas qui se présentait ici devait être si rare que Chramnesinde pouvait se demander s'il rentrait bien dans ceux que la loi avait prévus et qui rendaient légitime le paiement de la composition par un autre que le principal coupable. N'était-ce pas rendre illusoire la res-

---

pouvons, je crois, reconnaître dans le texte de Grégoire de Tours que les formes légales ont été observées.

1. Il n'est pas certain que ce fût le plaignant qui mettait le condamné à mort. Cela est pourtant vraisemblable. Cf. Thonissen, p. 481. Les paroles de Grégoire de Tours contiennent une allusion très claire au danger que courait Sichaire : « interim anima viri non pereat. »

ponsabilité du criminel et de ses parents que de faire ainsi inter-
venir une personnalité abstraite et collective, l'Église? N'avait-il
pas le droit de refuser cette intervention imprévue et de rentrer
en possession de son droit de vengeance, aussi bien que si c'était
son ennemi qui avait refusé de se soumettre à la décision du tribunal? Ce droit du sang qui joue un si grand rôle dans l'ancienne
société germanique et dans la société scandinave, bien que nous
ne le trouvions pas formellement exprimé dans la loi salique,
existait toujours dans les mœurs et est impliqué par plusieurs
titres de la loi elle-même[1]. Nous le verrons exercé par Chramnesinde au chapitre XIX du liv. IX, et d'ailleurs la composition elle-
même le suppose, puisqu'à l'origine elle a pour objet de mettre fin
à une querelle entre deux familles, et que le prélèvement par
l'État d'une part dite *fredus* a seul changé graduellement ce
caractère de la composition pour lui donner celui d'une peine
pécuniaire.

Chramnesinde ayant ainsi repris une attitude de haine impla-
cable vis-à-vis de Sichaire, celui-ci, menacé dans sa vie, se prépara à se rendre auprès du roi, qui était alors Childebert[2]. Il
voulait peut-être demander sa protection spéciale ou celle de Brunehaut qu'il obtint dans la suite; il voulait certainement porter
devant le tribunal du roi l'affaire pendante entre Chramnesinde

---

1. M. Fustel de Coulanges, dans un des passages les plus intéressants de ses
Recherches, p. 478 et ss., a mis en doute l'existence du droit de vengeance
chez les Francs et a soutenu que la composition n'avait pas d'autre objet que
de mettre, par un accord avec la famille lésée, le meurtrier à l'abri de la peine
de mort qu'il a encourue. Cette théorie me paraît contredite par le fait que
les Capitulaires distinguent les cas où le meurtre est puni de mort et ceux où
il a pour sanction une composition. Cf. *Ed. Childeb.*; *Cap.*, 779; *Cap. leg. add.*,
818-819, I, 7. Mais il faut cependant reconnaître que l'application de la loi romaine
amène fréquemment dans les formules la mention de la peine de mort et que
les lois barbares elles-mêmes cherchent à faire disparaître la *Faida* qui sub-
siste plus à l'état d'usage qu'à celui de droit. Mais comment séparer absolu-
ment l'usage et le droit dans un temps où règne la coutume?

2. M. Longnon, p. 244, dit que Tours ne revint à Childebert qu'au traité d'Andelot. Cela est inexact. Au ch. XXXIII du l. VII, Grégoire nous apprend que
Gontran avait dès 585 reconnu Childebert comme son héritier et lui avait rendu
tout ce qui avait appartenu à Sigebert. Cf. ch. XXXIII du liv. VII, où le procès
d'Injuriosus est porté devant Childebert. Nous ignorons où séjournait alors Childebert. Au liv. VII, ch. IV, il est à Meaux; au liv. VIII, ch. XIII, à Coblentz;
au liv. VIII, ch. XXI, à Buison dans les Ardennes; au liv. VIII, ch. XXXVI, à
Metz. Il continue à y résider en 587-588 (liv. XIX). Metz était sa vraie capitale.

et lui. Le tribunal du roi jouait le rôle de juridiction d'appel[1] toutes les fois qu'on formait un recours pour un motif quelconque contre les décisions d'un tribunal inférieur, et on y avait aussi recours lorsque l'on ne pouvait se faire rendre justice dans une juridiction inférieure, soit par le mauvais vouloir des juges, soit par celui de la partie adverse. La loi salique[2], au titre LVI, règle la manière dont devra être ajourné devant le tribunal du roi celui qui a refusé de venir au plaid ou d'accepter le jugement des rachimbourgs ou d'accomplir une des formalités de la procédure. Dans la majorité des cas, il s'agit d'un coupable qui refuse de comparaître ou d'un condamné qui refuse de payer ; mais tous ceux qui se soustrayaient aux obligations de la procédure légale pouvaient être ainsi ajournés devant la cour du roi, et, s'ils ne comparaissaient pas dans les délais fixés, ils étaient mis « extra sermonem regis, » c'est-à-dire hors la loi, et pouvaient être tués impunément[3]. Chramnesinde passerait, s'il faisait défaut, de la situation d'accusateur à celle de condamné.

Avant de se rendre auprès de Childebert, Sichaire, qui était marié depuis peu (il n'avait que dix-huit ans), voulut revoir sa femme Tranquilla et ses terres du Poitou dont il lui avait confié la surveillance, et qu'il n'avait guère pu visiter depuis Noël 585, pendant toutes ces querelles et ces procès. Le domaine n'était pas cependant abandonné à la seule direction de Tranquilla. Nous y trouvons, comme à Manthelan, des *amici*, c'est-à-dire des clients de condition libre[4], qui sont établis sur la même exploitation rurale dans une situation subordonnée et pourtant indépendante, et qui sont qualifiés par Grégoire de *participes ejusdem villae*[5].

---

1. L'appel tel qu'il existait alors n'a point les mêmes caractères que dans l'organisation judiciaire moderne, mais il n'en existait pas moins, non seulement pour déni de justice, mais aussi pour mal jugé. Voy. Beauchet, p. 64 et ss.

2. T. LVI.

3. C'est ainsi qu'Injuriosus, au ch. XXIII du liv. VII de Grégoire de Tours, se rend à la cour du roi, parce que ses accusateurs refusaient de le laisser se purger de son crime par serment. Il les attend pendant trois jours, et, comme ils font défaut, il est par cela même libre de toute accusation.

4. Voy. sur ce sujet Roth, *Beneficialwesen*, p. 157 et ss., et Waitz, *D. Verfgesch.*, II, 198, 199.

5. Il n'y a pas là, à proprement parler, une propriété collective ; mais il y a, du moins, quelque chose qui s'y rattache, quelque chose aussi qui nous rappelle le système de copropriété des barbares et des Romains chez les Wisigoths et les Burgondes et qui nous fait pressentir l'organisation féodale. C'est, à mon

Ces *amici* avaient sous leur autorité et leur juridiction, de concert avec leur patron, les colons et les esclaves du domaine. Ils eurent occasion d'exercer cette juridiction peu après l'arrivée de Sichaire. Il trouva sans doute plus d'une négligence à réprimander, plus d'un serviteur indocile à faire rentrer dans l'ordre. L'un d'eux, gourmandé et battu par lui, à cause de sa paresse, arracha du fourreau l'épée de son maître et le blessa grièvement. Des *amici* accoururent au secours de Sichaire, saisirent l'esclave, le mutilèrent cruellement et, après lui avoir coupé les mains et les pieds, le condamnèrent à être pendu. D'après la stricte légalité, l'esclave ne devait être mis à mort que pour un crime puni chez un homme libre de quarante-cinq sous d'amende[1]. Or le maximum de la composition pour les coups et blessures était de trente sous[2]. Mais rien ne protégeait l'esclave contre les excès de la juridiction patrimoniale. La loi religieuse seule le garantit en frappant d'excommunication les maîtres qui tuent leurs esclaves sans jugement. Les esclaves étaient assimilés au bétail; on n'encourait pas en les tuant une peine plus forte qu'en tuant un animal; et seuls ils étaient mis à la torture pour leur faire avouer leurs crimes. Les coups, la mutilation leur étaient aussi réservés par la législation pénale[3].

L'attentat contre Sichaire fut bientôt connu à Tours, mais le récit s'amplifia en route et on raconta qu'il était mort. Aussitôt Chramnesinde, ses parents et ses *amici* se précipitèrent sur le domaine de Sichaire à Manthelan, incendièrent sa maison et celles des *amici* qui cultivaient avec lui la même villa, massacrèrent un certain nombre d'esclaves et pillèrent cette propriété comme Sichaire avait pillé celle d'Aunon et d'Ebérulf.

Le comte de Tours fit de nouveau assembler le tribunal des citoyens qui fut réuni dans les mêmes conditions que la seconde fois. Grégoire y assista sans doute, puisqu'il exécuta alors la promesse faite précédemment de payer la composition. Les parties furent citées à comparaître par le comte et elles soutinrent cha-

---

sons, à des domaines de ce genre et non à des communes qu'il est fait allusion dans le titre XLV de la Loi salique sur l'*Homo migrans*, dont M. Fustel de Coulanges a trop restreint la portée, tout en critiquant avec raison ceux qui y voient la preuve de l'existence de la propriété collective à l'époque de la rédaction de la Loi salique.

1. *Lex sal.*, XL, 5.
2. *Ibid.*, XVII.
3. *Ibid.*

cune leurs griefs. La question était assez compliquée. Sichaire n'ayant pas porté la cause devant le roi pouvait toujours être considéré comme redevable envers Chramnesinde de la composition récemment fixée ; d'un autre côté, il pouvait prétendre que le refus de Chramnesinde de composer avait éteint la seconde instance, comme son départ du mall avait éteint la première, et que, de même qu'il avait été seul condamné lors du second procès, Chramnesinde seul devait l'être cette fois-ci. Or, celui-ci aurait eu à payer soixante-deux sous et demi de composition par chaque maison incendiée, la composition pour le meurtre des esclaves et pour le pillage et de plus à réparer le dommage causé. Les juges, c'est-à-dire les rachimbourgs et le comte[1], désireux de mettre fin à cette longue querelle, se décidèrent à rendre une sentence que la loi ne justifiait pas[2], mais qui eut le mérite d'être acceptée des deux parties. Chramnesinde renonça, à cause du tort qu'il avait fait à Sichaire, à la moitié de la composition qui lui avait été précédemment allouée et Sichaire dut payer l'autre moitié. Il y consentit d'autant plus aisément que ce fut l'église de Tours qui paya. Il n'eut pas de peine à trouver le fidéjusseur nécessaire pour garantir que le jugement serait loyalement exécuté et pour en régler le paiement[3]. Chramnesinde, enrichi par ce riche dédommagement qui représentait une véritable fortune à une époque où l'argent monnayé était rare, donna décharge à Sichaire par le jet de la *festuca*, du fétu[4], et lui remit une *charte de sécurité*,

---

1. M. Fustel de Coulanges, *Recherches*, p. 407, dit que jamais le mot *judex* ne s'applique à un simple citoyen, à un particulier qui remplirait momentanément les fonctions de juré. Ici le terme *judices* s'applique pourtant aux citoyens de Tours. M. de C. le reconnaît, p. 498-99, où il dit que la composition fut prononcée non par le comte, mais par des hommes que Grégoire « appelle citoyens et aussi des juges. »

2. « Hoc contra leges actum, ut tantum pacifici redderentur. » M. F. de C. (*Instit. de l'anc. Fr.*, p. 570) voit dans ces mots l'affirmation qu'il n'y a pas une action judiciaire selon la loi, mais seulement arbitrage. C'est là, nous semble-t-il, donner aux mots de Grégoire un sens qu'ils n'ont pas. Il dit simplement que pour mettre fin au procès on a fixé la composition autrement que la loi (salique) ne l'aurait exigé, et il n'aurait pas fait cette observation s'il s'était agi d'un arbitrage et non d'un procès régulier où l'on aurait dû suivre la loi. Il y eut violation de la loi, « contra leges actum, » et non pas une procédure en *dehors* de la loi.

3. *Ed. Chilperici*, c. 6.

4. Voy. sur ce sujet Thévenin, *Contributions à l'étude du droit germanique*.

acte authentiqué par la souscription des rachimbourgs, par lequel il le garantissait contre toute réclamation ultérieure[1]. Ils prêtèrent mutuellement serment de ne jamais rien machiner l'un contre l'autre à l'avenir. Ils mettaient ainsi fin et à la *faida* par les serments et à toute procédure nouvelle par la *securitas*[2].

Sichaire, pour se garantir plus sûrement encore contre tout danger et toute attaque, avait demandé et obtenu de Brunehaut d'être pris sous sa protection spéciale, « in mundeburdo, in verbo ejus. » Ceux qui jouissaient de cette faveur étaient l'objet d'une protection spéciale. On ne pouvait les attaquer sans offenser la majesté royale et ils ne pouvaient être jugés que par le roi[3].

Grégoire pouvait être fier d'avoir, au prix d'un lourd sacrifice d'argent, rendu la paix à son diocèse. Il put croire pendant quelque temps que l'œuvre de pacification était durable, car Chramnesinde et Sichaire, avec cette mobilité de sentiments qui est le propre des natures primitives, avaient passé d'une haine furieuse à une amitié passionnée. Ils ne se quittaient plus, prenaient leurs repas ensemble, et, après leurs orgies, le matin les retrouvait souvent étendus sur le même lit. Mais entre ces deux jeunes gens, légers, ivrognes, et qui avaient déjà donné tous deux des preuves de la violence de leur caractère, la concorde ne devait pas être de longue durée. Une plaisanterie grossière de Sichaire devait réveiller tout d'un coup la haine endormie de Chramnesinde et mettre fin, par un nouveau crime, à leur amitié et à leurs procès.

Il y avait deux ans qu'ils vivaient réconciliés, unis par des plaisirs et des vices communs, quand, un soir de festin, Sichaire, excité par le vin, se mit à plaisanter Chramnesinde. « Je puis me vanter, mon bon petit frère, finit-il par lui dire, de t'avoir rendu un fameux service en te débarrassant de tes parents. Grâce à la composition, te voilà riche. Si je ne t'avais pas remis à flot, tu ne serais qu'un misérable va-nu-pieds. » Ces paroles suffirent à bouleverser de fond en comble l'âme de Chramnesinde, à réveiller en lui le besoin inextinguible de vengeance que les

---

1. On peut affirmer que cette securitas était semblable à celles qui se trouvent au livre II de Marculfe (n° 18) et parmi les *Formules de Tours* (n° 38). Dans la première, ce sont aussi les sacerdotes qui interviennent pour amener un accord.

2. M. Fustel de Coulanges a fait remarquer avec raison que c'est là le but essentiel de la securitas.

3. Cf. Marculf, I, 24. *Carta de mundurde regis et principis.* Greg. Tur., IX, 27.

jouissances de la richesse avaient un instant apaisé, à lui faire concevoir dans sa conscience de barbare ce besoin de vengeance comme un devoir impérieux, le pardon des offenses comme le plus lâche des crimes, à faire naître en lui le remords poignant de n'avoir pas lavé dans le sang de son ennemi le sang de son père, de son oncle et de son frère. Il sentit lui peser d'un poids intolérable cette bourse « dans laquelle il portait les cadavres de ses parents[1]. » Il résolut de réparer sur l'heure sa lâcheté et de se réhabiliter à ses propres yeux en vengeant ses proches. Sichaire gisait ivre-mort à sa discrétion. Il éteignit les lumières et d'un coup de couteau[2] il lui trancha la tête.

Bien loin de songer à cacher son crime, Chramnesinde, fort de sa bonne conscience et fier de son action, lui donna aussitôt le plus de publicité possible. Il suspendit le cadavre dépouillé de ses vêtements à un des pieux de son enclos, sur la voie publique. En effet, tandis que le fait de cacher le cadavre de l'homme qu'on a assassiné fait plus que doubler la culpabilité aux yeux des Francs, la publicité donnée au meurtre prouve qu'on s'est cru en droit d'ôter la vie à son ennemi[3]. Or il y avait des cas où l'on se croyait et même où l'on avait ce droit. Le titre LXIX, 3, de la *Lex emendata*[4] ne peut guère s'appliquer qu'au cas où un homme, après avoir tué son ennemi, place sa tête coupée sur un poteau et où cet acte de vengeance est mis sous la protection de la loi. On ne peut l'enlever sans la permission du juge ou de celui qui l'a exposée[5]. La loi ripuaire ordonne, si l'on tue un homme en cas de légitime

---

1. Thorismind répondit au meurtrier de son fils qui lui offrait une indemnité en argent : « Je ne veux pas porter mon fils mort dans ma bourse. » Thonissen, p. 204.

2. *Secu* veut dire, à proprement parler, une ache, mais peut désigner tout instrument tranchant. Il serait difficile de dire quel instrument désigne Grégoire ; sans doute un de ces poignards, de ces scramasax dont il est question au ch. LII du liv. IV, avec lesquels fut assassiné Sigebert.

3. Voy. *Lex sal.*, XLI, 1, 2. Le meurtre de l'homme libre entraîne une composition de 200 sous, mais si l'on cache le cadavre une de 500 sous:

4. Les titres XLI, 4, et *Lex emendata*, LXIX, 1, ne supposent pas nécessairement qu'il s'agisse d'un homme exposé, après avoir été victime d'une vengeance particulière légitime, mais la chose est vraisemblable.

5. Cette défense s'adresse évidemment aux parents ou amis de la victime. S'agit-il d'un homme hors la loi, d'un homme qui a été dans l'incapacité de payer la composition ? le texte ne le dit pas. Mais il est évident qu'il y avait des cas où un homme avait le droit de tuer son ennemi.

défense, de placer son cadavre sur un échafaud, dans un carrefour, devant des témoins[1]. Chramnesinde se considérait, lui aussi, comme ayant agi dans la plénitude de son droit. Il devait y avoir dans l'esprit de ces barbares, encore si voisins de la sauvagerie primitive, si semblables aux Scandinaves par leur état de civilisation et leurs conceptions morales, une bien faible différence entre le meurtre d'un homme souillé du sang de vos proches et le meurtre commis en état de légitime défense.

Mais il ne suffisait pas d'avoir donné de la publicité à son acte de justice par l'exposition du cadavre, il fallait encore en informer l'autorité compétente et se mettre à l'abri de toute poursuite judiciaire. Dans le texte de la loi salique, que j'ai cité plus haut, comme dans le § 1ᵉʳ du même titre, il est interdit de détacher le cadavre du pieu ou de l'échafaud sans l'autorisation du juge. Le juge avait donc été pris comme témoin et garant du meurtre et de l'exposition du cadavre. Nous possédons deux formules (31 de Sirmond et 29 de l'appendice de Marculf) qui contiennent la déclaration faite avec formule dans le mall, devant le comte et les rachimbourgs, par un homme qui a commis un homicide en état de légitime défense. Le titre LXXIX de la loi ripuaire prescrit la même procédure à celui qui a placé le cadavre de sa victime dans un carrefour sur un échafaud. M. Thonissen rapporte que chez les Scandinaves celui qui avait accompli un meurtre par légitime vengeance devait se disculper de même devant les juges et le *thing*[2].

Ce qui compliquait la question pour Chramnesinde, c'est qu'ici le juge compétent, celui de qui dépendait Sichaire, n'était plus le comte de Tours, mais le roi, puisqu'il était sous la protection de Brunehaut. Aussi monta-t-il à cheval sans retard et courut-il auprès de Childebert lui déclarer qu'il avait tué un homme qui avait fait périr ses parents par trahison et pillé leurs biens. Ce qui était le plus grave dans son cas, ce n'était pas l'homicide même, mais le fait d'avoir tué un homme qui était sous le *mundebourg* de la reine. Frapper un homme dont la vie était placée sous la sauvegarde d'un roi ou d'une reine était considéré comme

---

1. T. LXXIX. Le § 1 du t. LXIX de la *Lex emendata* semble bien, quand il parle du cadavre placé sur la barque ou la furca, faire allusion à un cas analogue. Thonissen, p. 164.

2. P. 194.

une offense envers la personne royale elle-même[1], et l'on sait que
les crimes de lèse-majesté étaient punis de mort ou de confiscation, souvent par un simple acte de l'autorité royale[2]. Childebert paraît avoir écouté d'une oreille bienveillante les explications
de Chramnesinde[3], mais la vindicative Brunehaut se montra si
irritée qu'on eût osé porter la main sur un de ses protégés que le
coupable jugea plus prudent de s'enfuir dans le Berry, au milieu
de parents qui habitaient le bourg de Bouges[4], dans le royaume
de Gontran. A la suite de cet exil volontaire, la reine fit saisir et
confisquer ses biens, peine qui frappait toujours les criminels de
lèse-majesté[5], et les donna au domestique Flavianus, probablement un des administrateurs des biens royaux en Touraine. Quand
il crut que la colère de la reine était apaisée, il se présenta de
nouveau devant le roi, et cette fois l'affaire suivit complètement
son cours. Chramnesinde exposa sa cause devant le tribunal présidé par le roi et composé des officiers du palais et des grands de
la cour. On jugea qu'il pouvait être admis à prouver que Sichaire
avait commis des meurtres à son détriment[6]. Chramnesinde le
fit; il dut, au bout de quarante nuits, prêter dans l'église, conjoin-
tement avec des témoins oculaires ou bien informés, le serment
que Sichaire avait vraiment commis les crimes dont il l'accusait[7].

Chramnesinde rentra peu après[8] en possession de ses biens, et

---

1. Capit. de 802, c. 54 : « Ut li qui in mundeburde domini imperatoris sunt
pacem et defensionem ab omnibus habeant. »

2. Waitz, *Vfgesch.*, II, 149; Roth, *Beneficialwesen*, 131.

3. Faut-il voir dans les mots *expositis per ordinem causis* la preuve que
Chramnesinde a fait sa déposition devant le tribunal du roi ? La chose est possible, mais l'affirmer serait hasardé.

4. *Vosagensis pagus*, Bouges (Indre), arr. de Châteauroux. Longnon, p. 475.

5. La confiscation, très fréquente à l'époque franque, était tantôt accompa-
gnée d'une autre peine, mort, exil, etc., tantôt prononcée seule. Ces peines
imitées du droit romain, pour un crime dont la définition était aussi emprun-
tée au droit romain, étaient souvent, à l'imitation des Romains, prononcées par
le roi sans jugement régulier.

6. C'est le sens littéral de *convincere super se eum interfecisse*. — Dans
l'édit. de Rotharis, c. 279, *convincere terram suam esse* signifie « prouver
qu'une terre est à soi. »

7. *Form. Sirmond.*, 30 : « ..... Judicatum fuit ut in noctes 40 apud homines
triginta sex meam suam trigesima septima..... in ecclesia illa..... conjurare debeat
apud homines viseras et cogniteras, eo quod..... » Cf. les deux autres formules
citées plus haut.

8. Le livre IX a été écrit entre 589-591.

Flavianus lui donna une lettre de sauvegarde[1] pour qu'il pût circuler dans tout le royaume de Childebert sans être inquiété. Quant à Tranquilla, veuve de Sichaire, elle ne devait guère avoir envie de rester dans le pays où s'étaient passées de si tragiques aventures. Elle était jeune encore, ses enfants en très bas âge, et elle devait, si elle restait auprès d'eux, subir la tutelle, le *mundium*, d'un proche parent de son mari, ses fils n'étant pas en âge d'exercer la tutelle, et la femme se trouvant en éternelle minorité. Elle préféra abandonner aux plus proches parents de Sichaire la tutelle de ses fils avec la jouissance des biens qu'il laissait et avec la dot qu'elle avait reçue[2]. Elle s'en retourna au diocèse de Troyes, ne gardant rien, sauf peut-être un morgengabe, des richesses de Sichaire, et, rentrée sous la tutelle de son père, elle trouva bientôt à convoler en secondes noces.

Ainsi prit fin la longue série de malheurs et de crimes engendrée par la querelle qui avait éclaté le jour de Noël 585 entre Sichaire et Austrighysèle. Quatre hommes libres avaient péri, des esclaves avaient été massacrés, des troupeaux volés, des trésors pillés, des maisons dévastées et incendiées, et tout cela parce que les habitants du bourg de Manthelan avaient trop bien mis en pratique la recommandation de célébrer joyeusement l'anniversaire de la naissance du Seigneur.

Le récit que nous a laissé Grégoire de Tours de ces tragiques événements, qui s'étaient déroulés sous ses yeux, est une des pages les plus vivantes et les plus instructives de l'*Historia Francorum*, ce livre unique, incomparable dans sa rude sincérité, dans son naïf et éloquent réalisme, sans lequel le monde barbare serait mort et à jamais fermé et muet pour nous. Ce récit nous fait pénétrer dans la vie privée des propriétaires francs ; nous y apprenons comment étaient exploités leurs domaines, ce qu'était leur religion, leurs plaisirs, leurs mœurs, leurs passions, leurs haines et leurs amitiés ; comment on rendait la justice dans les tribunaux, dans ceux des comtes et dans celui du roi ; comment enfin l'Église, qui s'asso-

---

1. Je ne trouve point, parmi les *Epistolae commendatitiae* que nous avons conservées de l'époque mérovingienne, de formule se rapportant à ce cas de Flavianus et de Chramnesinde.

2. Voy. *Lex sal.*, éd. Hessels, t. LXXI. Pour le *Morgengabe*, les lois franques ne contiennent aucune prescription spéciale ; on peut croire qu'elles s'accordaient sur ce point avec les autres lois germaniques à le laisser à la femme.

ciait parfois aux joies grossières des barbares, leur faisait entendre
des paroles de douceur, de justice et de charité qui ne trouvaient que
difficilement le chemin de leurs cœurs, mais qui faisaient cependant
luire peu à peu la lumière d'une idée supérieure dans leurs cons-
ciences encore obscures et troublées. C'est l'Église seule qui osa
élever la voix en faveur des esclaves, victimes innocentes des
haines de leurs maîtres. C'est elle seule qui enseigna aux hommes
le prix de la vie humaine et surtout la dignité de l'âme humaine.
Ce récit est le commentaire le plus pittoresque d'une foule de
textes de lois et de formules de l'époque mérovingienne; nous y
recueillons de précieux renseignements sur les institutions, sur
la vie sociale, sur la psychologie des conquérants germains. Je
serais heureux d'avoir pu, non épuiser toute la substance historique qu'il renferme, mais en faire sentir l'importance et en éclair-
cir quelques points [1].

1. Cet article et celui de M. Thévenin avaient été composés à l'occasion du
cinquantième anniversaire de doctorat de M. George Waitz, dont MM. Monod
et Thévenin ont été les élèves de 1868 à 1870.

Nogent-le-Rotrou, imprimerie DAUPLEY-GOUVERNEUR.